hänssler

BIRGIT WINTERHOFF

Wissen sie schon das Neueste?

IMPULSANDACHTEN

Birgit Winterhoff, Jg. 1953, verheiratet mit Klaus Winterhoff, lebt in Halle/Westfalen. Sie ist seit 20 Jahren Pfarrerin in Halle, Vorsitzende der Arbeitsgemeinschaft Jugendevangelisation, im Vertrauensrat Freundeskreis Missionarische Dienste in der Evang. Kirche von Westfalen, im Hauptvorstand der Dt. Evang. Allianz, Sprecherin von Morgenandachten im Westdeutschen Rundfunk, Referentin bei Frühstückstreffen für Frauen, seit vielen Jahren Mitarbeit in der Pfarrerfortbildung sowie maßgebliche Beteiligung an der Planung und Durchführung des Christivals 1996 und 2002.

Hänssler
Bestell-Nr. 394.135
ISBN 3-7751-4135-9

© Copyright 2004 by Hänssler Verlag, D-71087 Holzgerlingen
Internet: www.haenssler.de
E-Mail: info@haenssler.de
Umschlaggestaltung: Mehrblick Grafik & Design, Pforzheim
Titelbild: Photodisc, »Newspaper and a Tea Cup« (Janis Christie)
Satz: AbSatz, Klein Nordende
Druck und Bindung: Ebner & Spiegel, Ulm
Printed in Germany

Die Bibelstellen sind – wenn nicht anders angegeben – nach »Neues Leben. Die Bibelübersetzung«, © Copyright 2002 by Hänssler Verlag, zitiert.

S. 48 aus: Der Kleine Prinz © 1950 und 1998 Karl Rauch Verlag Düsseldorf
S. 53 aus: Johannes Hansen: Nach dem Dunkel kommt ein neuer Morgen. Kawohl-Verlag
S. 62: Rose Ausländer, *Spiegelbild (Nimm/deinen/Körper/...)* Aus: dies., Im Aschenregen die Spur deines Namens. Gedichte und Prosa 1976. © S. Fischer Verlag GmbH, Frankfurt am Main 1984
S. 150: Manfred Siebald

INHALT

Vorwort 9

Die Bibel 11
Bestseller................................ 11
Das Buch der Bücher 13
Die Bibel erlebt.......................... 16
Die Bibel – das große Bilderbuch 18
Die Bibel lesen 20

Redensarten 23
Made in Italy............................. 23
Gott sei Dank 25
Leben heißt Hoffnung begraben............ 28
Geben ist seliger als nehmen 30
Alles auf eine Karte setzen 33
Alle Not kommt vom Vergleichen........... 36
Alles ist käuflich........................ 38

Alles hat seine Zeit................... 43
Keine Zeit 43
Geschenkte Zeit 45
Ersparte Zeit 48
Gute Zeiten – schlechte Zeiten............ 51
Vergehende Zeit 54
Novemberstimmung......................... 56

Heilsame Unterbrechungen 59
Älter werden 61

Sich für Menschen einsetzen 65
Ehrenamtliches Engagement 65
Kennzeichen der christlichen Gemeinde 67
Eine bewundernswerte Frau 69
Einfach so mitarbeiten.................... 72
Begegnung auf der Müllkippe in Manila 74

Glauben im Alltag leben 77
Ein unbeantworteter Brief................. 77
Widerstand leisten oder aufgeben 79
Fasten 82
Wissen Sie schon das Neueste? 85
Die Chance, neu anzufangen............... 87
Entschuldigung bitte 90
Der Streitstein 93
Ganz Ohr sein........................... 95

Wünsche und Sehnsüchte 97
Mit unerfüllten Wünschen leben 97
Ich will mich ja nicht loben,
aber ich finde mich zum Küssen........... 99
Anders leben........................... 102
Gut, dass du da bist 105
Weihnachts- und Neujahrswünsche 107
Geburtstagswünsche 110

Wunschlos glücklich?	113
Segenswünsche	115
Zwischen den Generationen	119
Schwiegermutter – Schwiegertochter	119
Yuppie Junior	122
Familienidylle	125
Bist du der Weihnachtsmann?	128
Da ist keine Liebe drin	130
Haben, haben	132
Dem Leben abgeschaut	135
Heiligtümer	135
Wieder in die Kirche eintreten	137
Gebt ihr ihnen zu essen	140
Schenken	143
Segne unser Tun und Lassen	145
In Gottes Hände gezeichnet	147
Einen Fixpunkt muss der Mensch haben	149
Feiertage	153
Pausenzeiten	153
Weltgebetstag	156
Jesus Celebration 2000	158
Pfingsten	160
Feierabend	163
Karfreitag	165

VORWORT

»Tritt frisch auf, tu's Maul auf, hör bald auf!« Das ist kein Tipp für Sprecher von Morgenandachten. Vielmehr hat Martin Luther vor bald 500 Jahren diesen Ratschlag für Prediger formuliert. Vom Kirchenvater Augustin, der von 354 – 430 nach Christus lebte, ist die Aussage überliefert: »Entschuldigt, dass ich so lange gepredigt habe, aber meine Vorbereitung war so kurz!«

Die Erfahrung zeigt: Meist ist es anstrengender, einen kurzen Text zu schreiben als einen langen. Jeder Satz muss stimmen, keiner darf zu viel sein. Unnötige Füllworte müssen vermieden werden. Der rote Faden ist entscheidend wichtig. Ein Gedanke soll deutlich werden, soll die Hörerinnen und Hörer den Tag über begleiten. Viele andere gute Gedanken fallen dem Rotstift zum Opfer.

Andachten im Westdeutschen Rundfunk sind zwischen 3 Minuten 30 Sekunden und 3 Minuten 50 Sekunden lang. Radio hören geschieht oft nebenbei. In den wenigen Minuten möchte ich die Hörerinnen und Hörer gewinnen, sie auf den christlichen Glauben, auf Jesus Christus aufmerksam machen. Eindringlich sollen die Texte sein, aber nicht aufdringlich, doch zugleich auch lebensnah und aktuell.

Die Morgenandachten werden von den unterschiedlichsten Menschen gehört. Täglich sind es etwa zwei Millionen. Es gibt regelmäßige Hörer, die anrufen oder schreiben und für solche Beiträge dankbar sind. Andere hören die Andachten eher zufällig auf dem Weg zur Arbeit. Viele würden nie einen Gottesdienst oder eine andere kirchliche Veranstaltung besuchen. Durch die Andachten wird ihr Interesse für den christlichen Glauben geweckt. Das zeigen die Reaktionen. Junge sind dabei und Ältere, Männer und Frauen.

Im vorliegenden Buch sind Andachten aus fast 10 Jahren gesammelt. Das Datum, das kursiv unter dem Beitrag steht, zeigt, wann der Beitrag gesendet wurde. Manche Andachten wurden für das Buch behutsam aktualisiert.

Lassen Sie sich von diesen Impulsandachten einladen, neue Schritte im Glauben zu wagen!

Birgit Winterhoff
Halle/Westfalen, im Januar 2004

DIE BIBEL

BESTSELLER

Neulich fiel mir das Tagebuch eines Bestsellers in die Hand, eines Bestsellers, den viele besitzen und viel weniger lesen. Einige Auszüge aus dem Tagebuch:

15. Februar: Heute war Hausputz. Wurde abgestaubt und wieder an den alten Platz zurückgestellt. Der Goldschnitt glänzt wieder.

20. März: Wurde aus dem Regal geholt. Mein Besitzer löste ein Kreuzworträtsel. Er schlug das Inhaltsverzeichnis auf und suchte nach einem Begriff. Prophet mit vier Buchstaben.

23. April: Mir wurden Frühlingsblumen zwischen die Seiten gelegt, zum Pressen. Die Blumen trocknen, ich setze Staub an.

Das kann man alles mit Büchern machen. Dazu geschrieben sind sie nicht. Es gibt Bücher, bei denen man auch den Inhalt kennen sollte. Gute Bücher beeinflussen nicht nur das Denken, Fühlen, Reden und Handeln. Sie beeinflussen das ganze Leben.

»Sag mir, was du liest, und ich sage dir, wer du bist«, könnte man in Abwandlung eines Sprichwortes sagen.

Jesus erzählt in einem Gleichnis die Geschichte eines Tagelöhners, der bei der Feldarbeit auf einen verborgenen Schatz stößt. Jahr für Jahr hat der Mann den Acker, der ihm nicht gehört, gepflügt, ohne zu ahnen, was darin verborgen ist. Und dann, mitten in der alltäglichen Arbeit, geschieht etwas, das das Leben dieses Mannes aus der gewohnten Bahn wirft, es von Grund auf verändert. Er hat den Fund seines Lebens gemacht. Unvermutet, unvermittelt, der Schatz im Acker!

Alles, was er hat, setzt der Mann daran, den Acker zu kaufen, um an den Schatz zu gelangen, sich diese lebenswichtige Entdeckung zu sichern.

Bis zum heutigen Tag geschieht es, dass Menschen beim Lesen der Bibel solche Entdeckungen machen, auf Schätze stoßen, die ihr Leben verändern. Wer weiß, wie oft sie die Bibel in die Hand genommen und darin geblättert hatten. Plötzlich spüren sie: »Was hier berichtet wird, geht mich unmittelbar an, meint mich persönlich.«

Die Bibel hat es in sich. Durch ihre Seiten zieht sich ein roter Faden: Gott hat geredet. Gott hat sich den Menschen bekannt gemacht. Er liebt seine Menschen.

Das ist die wichtigste Botschaft, die uns in der Bibel begegnet. Gott liebt mich. Das ist die Botschaft für mein Leben. Darauf lässt sich ein Leben bauen, ein Leben, das Inhalt, Sinn und Zukunft hat.

Die Bibel – das Lehr- und Lebensbuch der Christen. Sie ist, wie der Reformator Martin Luther schon vor über 400 Jahren feststellt, »der wahre Schatz der Kirche«. Schätze fallen einem in der Regel nicht ohne Anstrengung zu. Man muss sich darum bemühen. So ist es auch mit der Bibel. Deren Schatz muss immer wieder neu entdeckt, neu gehoben werden. Die Bibel entfaltet ihre Wirkung nicht im Regal. Solange wir ihr als distanzierte Zuschauer, als neutrale Beobachter ohne jede Erwartung entgegentreten, werden wir nicht viel von ihr haben. Sie öffnet sich aber jedem, der sich auf die Schatzsuche einlässt. Dann bekommen Worte von gestern Wirkung für heute.

Und Worte, die ich nicht verstehe?

»Die meisten Menschen haben Schwierigkeiten mit den Bibelstellen, die sie nicht verstehen«, bemerkte der große amerikanische Erzähler Mark Twain einmal, um dann fortzufahren: »Ich muss zugeben, dass gerade die Bibelstellen, die ich verstehe, mich unruhig machen.«

Ich wünsche Ihnen wieder einmal eine solch heilsame Unruhe. *(25. 4. 1994)*

DAS BUCH DER BÜCHER

Bücher, die mir viel bedeuten, zeichnen sich zuweilen durch Eselsohren aus. Ich habe sie auf längeren Reisen im Gepäck mitgenommen, habe manchmal bis tief in die Nacht darin gelesen. Wenn ich dann das Buch aus der Hand legte, habe ich die Seite geknickt, um am nächsten Tag zu wissen, wo ich aufgehört hatte. Eselsohren hinterlassen bleibende Spuren. Beim Versuch, die Eselsohren zu entfernen, bin ich meist gescheitert. Leider habe ich dafür noch kein Verfahren entwickelt, das sich zum Patent anmelden ließe. Peinlich, wenn die Lektüre ausgeliehen war. Dann hilft nur ein zerknirschtes Gesicht bei der Rückgabe oder – besser noch – der Gang in den nächsten Buchladen. Dann bekommt der Eigentümer ein neues Buch zurück. Die Eselsohrfassung wandert in das eigene Bücherregal.

Viele Bücher lese ich nur einmal, dann wandern sie ins Regal und verstauben. Andere faszinieren mich immer wieder. Jemand hat gesagt: »Ein Buch, das nicht wert ist, zweimal gelesen zu werden, ist es auch nicht wert, einmal gelesen zu werden.« Schade nur, dass der kluge Mann nicht verraten hat, wie man schon vor dem ersten Lesen herausfindet, ob sich das zweite Lesen lohnt. Auf gelehrte Kritiker verlasse ich mich selten. Selbst lesen macht klug!

Zu meiner ständigen Lektüre gehört die Bibel. Sie ist fast eine Bibliothek im Kleinen. 66 unterschiedliche Bücher fasst sie zusammen. Geschichtsbücher gehören dazu, dichterische Werke, Lebensweisheiten, Gebete. Die Bibel – ein Lebensbuch. Ein Buch von gestern für Menschen von heute. Auch für aufgeklärte Zeitgenossen. Auf seine wichtigste Lektüre hin befragt, erklärte Bertolt Brecht: »Sie werden lachen – die Bibel.«

Darin mag ein wenig literarische Koketterie aufscheinen. Doch füllt der Nachweis biblischer Themen und Motive in der modernen Literatur einige Bände.

Bis heute machen Menschen beim Lesen der Bibel ganz eigene Erfahrungen. Sie spüren: Was hier berichtet wird, geht mich unmittelbar an, meint mich persönlich. Durch ihre Seiten zieht sich ein roter Faden: Gott hat geredet, Gott hat sich den Menschen bekannt gemacht. Er liebt seine Menschen. Er hat sie nicht aufgegeben. Das ist die wichtigste Botschaft, die uns in der Bibel begegnet. Durch die Worte und Geschichten der Bibel sucht Gott bis heute Kontakt zu uns.

Es ist vielfach berichtet worden, dass bei den oft spontanen Gottesdiensten anlässlich der Ereignisse vom 11. September 2001 und nach den Geschehnissen in Erfurt 2002 das Lesen von Psalmen eine eindrückliche Möglichkeit wurde, Worte der Klage und des Trostes zu formulieren in einer Situation, in der eigene Worte versagten oder banal gewirkt hätten.

Worte von gestern mit Wirkung für heute.

Auf meine Bibel will ich nicht verzichten. Übrigens: Von der Bibel habe ich nur Ausgaben mit Eselsohren.

(9. 8. 2002)

DIE BIBEL ERLEBT

Birgit Winterhoff: Die Bibel. Gedanken und Geschichten von Gott und den Menschen. Über die Welt und das Leben. Wie es ist und wie es sein könnte.

Manches aus der Bibel ist für Menschen in ihrem Leben wichtig. Wie zum Beispiel für Petra Vollmer. Sie ist 37 Jahre alt und arbeitet in einer Tischlerei. Außerdem ist sie ehrenamtliche Mitarbeiterin in der evangelischen Kirchengemeinde Halle/Westfalen.

Im Dezember letzten Jahres sind ihre Großeltern gestorben. Beide an einem Tag. Beide 89 Jahre alt.

Petra Vollmer: Ja, so war das. Zuerst starb mein Großvater. Er war längere Zeit krank. Wir rechneten mit seinem Tod. Dann, wenige Stunden später, starb meine Großmutter. Sie starb für uns alle völlig überraschend. Sie selbst hatte schon seit einiger Zeit davon gesprochen, dass das Leben eigentlich lang genug gewesen wäre. Außerdem hatte sie sich gewünscht: nach über 60-jähriger Ehe nicht lange ohne den anderen sein. Das war nicht nur ihr Wunsch, das war ihr Gebet am Krankenbett meines Großvaters. Gemeinsames Sterben als Gebetserhörung mag vielleicht ein merkwürdiger Gedanke sein. Neben aller Traurigkeit über den Verlust von zwei lieben Menschen hat sich bei mir darüber aber ein gutes Stück Dankbarkeit eingestellt.

Meine Großmutter hat in einem letzten Gespräch nach dem Tod ihres Mannes so deutlich über ihre Hoffnung auf ein ewiges Leben bei Gott gesprochen. Wir haben uns über viele Dinge unterhalten. Erlebnisse aus alten Zeiten, nette Anekdoten aus dem Familienleben, aber auch über Geschichten aus schweren Tagen. Dann hat sie mir den Bibelvers für ihre eigene Beerdigung gesagt. »Jesus sagt: Ich lebe, und ihr sollt auch leben.«

Das hat sie mit fester Stimme gesagt. Es war sozusagen die Summe ihres Lebens, zugleich ein Vermächtnis für uns. Ohne jedes weitere Wort wurde darin ihre Hoffnung deutlich. Sie war sich sicher, dass ihre Lebensgeschichte mit Jesus Christus nicht mit ihrem Tode enden würde.

Ich habe diesen Vers dann in der Bibel nachgelesen und entdeckt, dass Jesus mit seinen Jüngern hier seinen eigenen Tod bedenkt und die Hoffnung andeutet, die Gräber sprengt. »Ich lebe, und ihr sollt auch leben«, sagt Jesus. Da leuchtet mitten in der Karwoche schon das Osterlicht auf.

Birgit Winterhoff: Der Tod lieber Menschen ist und bleibt ein schmerzlicher Abschied, auch wenn es ein langes und erfülltes Leben war.

Petra Vollmer: Das stimmt. Es war schwer, an einem Tag zwei Menschen zu beerdigen. Aber trotz aller Traurigkeit hat sich ein Stück der Hoffnung breit gemacht, die meine Großmutter in jenem letzten Gespräch wie ein Vermächtnis benannt hat. Angesichts des Todes meiner Großeltern ist diese Hoffnung auf das ewige Leben, das Jesus Christus verheißen hat, für mich lebendig geworden. »Ich lebe, und ihr sollt auch leben.«

Birgit Winterhoff: Die Bibel kann Spuren hinterlassen. Von Gottes Wirken in einem Menschenleben. Schätze liegen in ihr verborgen.

Geschichten und Gedanken von Gott und den Menschen. Über das Leben. Wie es ist und wie es sein könnte.
(14. 4. 2003)

DIE BIBEL – DAS GROSSE BILDERBUCH

Wie lautet in der Bibel der Name des ersten Menschen? Die Frage, die lange Zeit nur ein Lächeln hervorgerufen hätte, wurde unlängst ernsthaft in einem Fernsehquiz gestellt. Als die Antwort dann richtig geraten wurde, da prasselte der Beifall. Es ist offenbar nicht mehr selbstverständlich, von Adam und Eva zu wissen.

Ist das die Zukunft der Bibel, dass immer weniger Menschen sie kennen und dass sie von denen, die sie noch kennen, immer weniger ernst genommen wird?

Unangefochten bleibt der Bibel, das am meisten übersetzte, am meisten verkaufte und am meisten verbreitete Buch der Welt zu sein. Bibelübersetzungen gibt es in mehr als 2 000 Sprachen.

Fast 400 Übertragungen sind vollständig, enthalten neben dem Neuen auch das Alte Testament. Ist die Bibel aber auch das am meisten gelesene Buch? Weltweit könnte das zutreffen, für Deutschland allerdings kaum noch. Heißhunger auf die Bibel ist kein europäisches Phänomen, sondern eines der Dritten Welt. Dort wächst die Nachfrage nach der Bibel am kräftigsten.

Die Bibel, Weltliteratur, Geschichte eines Volkes, Heilige Schrift der Christenheit. Die christlichen Kirchen in unserem Land hatten das Jahr 2003 zum *Jahr der Bibel* ausgerufen. Das Motto: Suchen. Und finden. Eine Einladung, die Bibel neu zu entdecken. Die Bibel – das große Buch vom Glauben. In ihr berichten Menschen aus über zwei Jahrtausenden über ihre Erfahrungen mit Gott. Nicht in allem, was dabei zur Sprache kommt, können wir uns heute noch wiederfinden. Aber es ist spannend zu entdecken, wo die Botschaft der Bibel mich und mein Leben heute trifft. Die Kernfragen des Glaubens sind heute wie damals dieselben. Worauf kann ich mich wirklich verlassen? Was gibt meinem Leben Sinn und Halt? Die Bibel gibt Antwort auf diese Fragen, jedoch nicht in Form von Sachinformationen, sondern in Form einer Einladung. Als Einladung, das Leben im Vertrauen auf Gott zu leben und sich auf ihn zu verlassen.

Die Bibel lädt ein, den alten Geschichten nachzudenken und sie für die Zeit heute neu zu denken, für die Welt und Situation, in der ich lebe.

Bibellesen heißt: verweilen. Worte wollen mich ansprechen, in meinen Alltag hineinsprechen. Sie wollen etwas auslösen, mich verwandeln. Sie wollen zu Bildern werden, in der eigenen Vorstellung erstehen und Kraft vermitteln. Die Bibel ist ein großes Bilderbuch. Sie redet von Gott in Bildern. Gott wird Quelle, Fels, Hirte genannt. Er ist also unerschöpflich wie eine Quelle, zuverlässig wie ein Fels, auf dem ich sicher stehe, umsichtig und fürsorgend wie ein Hirte. »Der Herr ist mein Hirte, mir wird nichts mangeln.« So beginnt der 23. Psalm – ein großes Stück Weltliteratur, zugleich Existenzerfahrung von Menschen zu allen Zeiten. Wo ich mich auf diese Bilder einlasse und es einübe, bei ihnen zu verweilen, verspüre ich mit der Zeit ihre Kraft und kann einstimmen in die große Freude eines anderen Psalms: »Dein Wort ist meines Fußes Leuchte und ein Licht auf meinem Wege.«

(15. 4. 2003)

DIE BIBEL LESEN

»Was bringt's?« Eine Frage, die zum geflügelten Wort geworden ist. »Was bringt's?« Haben wir diese Frage nicht ständig auf den Lippen, wenn wir etwas Neues anpacken? Und fragen wir nicht genauso bei altgewohnten Sachen? Effizienz – ein Maßstab unserer Zeit. Ob man damit aber alles messen kann? Effizienz – der Maßstab für das Leben?

»Was bringt's?« So fragen wir jedenfalls heute auch

nach dem Sinn und Nutzen des Bibellesens. Was bringt es eigentlich, wenn ich die Bibel aufschlage und darin lese? Was bringt es, wenn ich mich in meinem Leben nach dem Wort richte, das mir in der Bibel begegnet?

»Was bringt's?« Im Grunde ist das keine neue Frage. Sie ist so alt wie die Bibel selbst. Immer wieder stoßen wir in der Bibel auf Menschen, die ähnlich gefragt haben. Allerdings mit einem Unterschied. Ihr Fragen hatte nicht den achselzuckenden Unterton unseres Fragens, wenn wir uns etwas vom Leib halten wollen. Nein, ihre Frage war eine existenzielle Angelegenheit.

Jahrelang, vielleicht sogar ein Leben lang, hatten sie mit Gott gerechnet, sich auf ihn verlassen, doch mit einem Mal hatte es den Anschein, als seien sie einer großen Illusion aufgesessen. Sie fragten: Was habe ich davon, dass ich mich zu Gott halte? Ist es nicht besser, ich passe mich dem Geist der Zeit an, so wie es die anderen tun?

Das bringt's, wenn ihr die Bibel aufschlagt und darin lest, antwortet der Apostel Paulus einmal und schreibt:

»Dies wurde vor langer Zeit aufgeschrieben, damit wir daraus lernen. Es soll uns Hoffnung geben und ermutigen, so dass wir geduldig auf das warten, was Gott in der Schrift versprochen hat« (Römer 15, 4).

Ja, es bringt etwas, das Bibellesen. Es geht nicht spurlos an uns vorbei. Das biblische Wort läuft nicht ab wie Wasser. Von ihm gehen Wirkungen aus, die verwandeln können. Heilsame Wirkungen. Eines fasziniert mich dabei besonders: die Hoffnung. Bibellesen hält die Hoffnung lebendig. Die Bibel – ein Lehrbuch der Hoffnung. Es gibt in der ganzen Weltliteratur nirgendwo zwei Buchdeckel, zwischen denen so viel Hoffnung steckt wie zwischen den Deckeln der Bibel. Ein Buch, randvoll gefüllt mit Hoffnung. Geschrieben, um uns mit Hoffnung zu infizieren, mit einer Hoffnung, die nicht trügt, sondern trägt, die unsere Gegenwart gestaltet und unsere Zukunft erhellt. Lest die Bibel, ruft uns Paulus zu. Dort entdeckt ihr Zeichen der Hoffnung: Müde werden erquickt, Traurige getröstet, Verlassene werden gefunden und Suchende finden – weil sie dem lebendigen Wort, weil sie Jesus Christus, dem Gekreuzigten und Auferstandenen begegnen. Die Welt kann uns wohl das Fürchten lehren. Der Blick in die Tagesschau zeigt oft genug, dass der Teufel los ist. In der Bibel lernen wir hoffen. Darum ist eine bibellesende Kirche nicht Schleppenträgerin eines müden Pessimismus, der nichts bringt, sondern Fackelträgerin einer lebendigen Hoffnung, die alles bringt.

Es ist ein langer Zug, der durch die Zeiten wandert, der Zug der bibellesenden Christen. Es sind Menschen, die einen festen Grund für ihr Leben gewonnen haben, die Geduld gelernt, Trost empfangen und die Hoffnung festgehalten haben. *(16. 4. 2003)*

REDENSARTEN

MADE IN ITALY

»Made in Italy« – modebewusste Zeitgenossen wissen, was das bedeutet. Ein Gütesiegel modischer Kleidung. So etwas gibt es nicht erst seit heute. So etwas hat es schon immer gegeben. Auch schon vor zweitausend Jahren. Mode aus Philippi war der letzte Schrei.

Philippi, eine Stadt im heutigen Griechenland, war damals von den Römern besetzt, genoss Steuerfreiheit, Handel und Wandel florierten. Philippi – so etwas wie ein Wirtschaftswunderstädtchen. Mode aus Philippi war in aller Munde.

Am Wirtschaftswunder beteiligt ist die Inhaberin einer Modeboutique. Unter Insidern gilt sie als erste Adresse. Modebewusst, zielstrebig, fantasievoll und erfolgreich. Sie lebt als Single, wie man heute sagen würde. Sie hat ihren Weg gefunden, sie steht ihre Frau. Vor zweitausend Jahren nicht gerade die Regel in einer von Männern dominierten Gesellschaft.

Lydia aber ist nicht nur eine geschäftstüchtige Frau, sie ist auch eine fromme Frau.

Einmal in der Woche macht sie ihren Laden dicht und trifft sich mit anderen Frauen zum Gebet.

Wenn das alles gewesen wäre, wüssten wir heute allerdings kaum noch etwas von dieser Frau.

Aber: sie wird zur ersten Christin in Europa. Dank einer Begegnung mit dem Apostel Paulus. Davon berichtet die Bibel. Eine Begegnung, die Geschichte macht.

Lydia und Paulus begegnen sich in der Gebetsstunde am Fluss. Die versammelten Frauen lassen ihre gewohnte Liturgie beiseite und hören Paulus zu.

Er erzählt ihnen die gute Nachricht Gottes. Er erzählt ihnen von Jesus. Von seiner Geburt in Armut, von seinem Flüchtlingselend, von seinen Reden und Wundern, von seinen Gesprächen mit Frauen und natürlich von seinem Tod am Kreuz und von seiner Auferstehung.

Das sei ein Symbol dafür, so Paulus, dass zwischen Gott und den Menschen nichts Trennendes mehr stehen kann. Das ist die gute Nachricht, das ist das Evangelium!

Wie Lydia im Einzelnen auf diese Worte des Paulus reagiert hat, wird nicht berichtet. Nur, dass diese gute Nachricht das Leben der Lydia verändert. Lydia öffnet ihr Herz.

Wie viele Nöte hat sich Lydia wohl in den Umkleidekabinen ihrer Boutique angehört! Wie oft hatten Kundinnen auch ausgepackt: Familienintrigen, Eheprobleme, Beziehungskisten, Nachbarschaftstratsch usw. Lydia wusste: Mode ist nicht alles. Man kann die beste Kleidung tragen, intelligent sein, gut aussehen und sich trotzdem ausgepumpt und fertig fühlen.

Worte, die uns wirklich helfen, können wir uns in der Regel nicht selbst sagen. Sie müssen uns geschenkt werden.

Sie sind ein Wunder, ein Geschenk Gottes, über das wir uns freuen können.

Lydia hörte die gute Nachricht Gottes. Ihr Leben änderte sich. Konsequenz: Den Worten müssen Taten folgen. So öffnete sie ihr Haus. Viele Menschen erfuhren ihre Gastfreundschaft.

Liebe will konkret werden, sie zeigte sich auch in stilvoller Tischgemeinschaft. Hier in der Boutique der Lydia war die Geburtsstunde der Kirche in Europa.

(13. 2. 1995)

GOTT SEI DANK

Gott sei Dank! Wem ist dieser Stoßseufzer nicht schon einmal über die Lippen gekommen?

Gott sei Dank – das geht leicht über die Lippen, fast gedankenlos.

Für mich gehören Danken und Denken zutiefst zusammen. Wer nachdenkt, wird zum Danken geführt. Denn Danken bedeutet: Man hat etwas empfangen und denkt an den, von dem es kam. Dank ist der Blick von der Gabe zum Geber.

Ein Blickwechsel ist also angesagt. Nicht ich selbst stehe im Brennpunkt, nicht die Gabe, das Geschenk.

Gott sei Dank – ist uns der Adressat des Dankes noch bewusst? Das Neue Testament berichtet von einer Begegnung.

Da sind zehn Männer. Sie sind schwer krank. Aussätzig. Aus der Gemeinschaft ausgeschlossen leben sie isoliert abseits des Dorfes. Kontaktaufnahme verboten. Achtung Lebensgefahr!

Jesus überschreitet alle Grenzen. Er durchbricht die Isolation und trifft auf diese erbarmungswürdigen Gestalten.

»Jesus, lieber Meister, erbarme dich unser«, schrien die Kranken. Ein Schrei der Hoffnungslosen und doch voller Hoffnung. Und das Wunder geschieht. Die Kranken werden gesund.

Ich kann mir gut vorstellen, wie ihnen das »Gott sei Dank« über die Lippen gekommen ist. Die Geschichte berichtet aber nur von einem, der umkehrt und laut und öffentlich Gott dankt. Dieser Mann ist ausgerechnet ein Fremder, ein Ausländer, einer, der eigentlich gar nicht dazugehörte; einer, der nach gängiger Meinung überhaupt nicht im Stande war, »Gott sei Dank« zu sagen. Ausgerechnet ihm gehen die Augen auf.

Bei ihm vollzieht sich der Blickwechsel. Er entdeckt Gottes Güte.

Und die anderen? Von ihnen wird nichts mehr erzählt.

Nach ihrem »Gott sei Dank« sind sie wohl zur Tagesordnung übergegangen. Zurück in den vertrauten Kreis der Familie, der Freunde und Bekannten. Zurück an ihre Arbeitsstellen.

Kurz: zurück in die alten Verhältnisse. Sie sind wieder bei sich selbst gelandet, noch einmal davongekommen. Hauptsache gesund!

Diese neun Männer stehen beispielhaft für das, was uns so oft auszeichnet:

Gottes Gaben nehmen wir gerne an, mit dem Geber aber haben wir nicht viel im Sinn.

Nehmen und Haben stehen im Vordergrund.

»Hat sich sonst keiner gefunden, der wieder umkehrte, um Gott die Ehre zu geben, als nur dieser Fremde?«, fragt Jesus.

Neun zu eins. Dankbarkeit ist nicht die Regel. Dankbarkeit hat keine Konjunktur. Damals nicht und heute auch nicht.

Gott sei Dank – ein inflationärer Stoßseufzer!

Wo wir seinen wahren Wert neu begreifen, entdecken wir Gründe zum Danken. Unser Leben ist mit guten Gaben ausgestattet. Wir werden sensibel für die kleinen und großen Erfahrungen unseres Lebens. Nun bekommt der Satz »Gott sei Dank« wieder seine ursprüngliche Bedeutung.

Der Fremde in der Geschichte gibt ein Beispiel.

Riskieren wir einmal den Blickwechsel weg von der Gabe hin zum Geber. Er eröffnet ganz neue Perspektiven. Nicht nur an diesem Tag. Es könnte eine Lebensperspektive sein. Es gibt genug zu danken. Gott sei Dank! *(14. 2. 1995)*

LEBEN HEISST HOFFNUNG BEGRABEN

Leben heißt Hoffnung begraben. Was einmal ein Dichter so ausdrückte, findet sicher auch unser stillschweigendes Eingeständnis.

Resignation heißt: aufgeben, sich in die Situation schicken, keinen Widerstand mehr leisten, nichts mehr erwarten. Es hat keinen Zweck mehr, so sagen wir, und das ist dann das letzte Wort. Man hat so seine Erfahrungen gemacht.

Man hat sich eingesetzt, Opfer gebracht, sich verausgabt.

Man hat Großes erwartet, aber man ist enttäuscht worden. Die Hindernisse, die Widerstände waren stärker.

Man fängt an, mit dem zufrieden zu sein, was sich so ergibt.

Keine Erwartungen – dann gibt es auch keine Enttäuschungen.

Vergebliche Hoffnung, Resignation, Rückzug – und was dann?

Wie Resignation in Hoffnung, Trauer in Freude verwandelt werden kann, erzählt die biblische Geschichte von der Begegnung zweier Jünger mit dem auferstandenen Christus auf dem Weg von Jerusalem nach Emmaus.

Die beiden hatten alle Hoffnung begraben. Im wahrsten Sinn des Wortes. Auf diesen Jesus von Nazareth hatten sie alles gesetzt. Sie waren ihm gefolgt, weil sie gemeint hatten, er sei ein Prophet, mächtig von Worten und Taten. Und sie waren ja auch dabei gewesen, hatten sie ja erlebt, die Worte und Taten.

Blinden war das Augenlicht, Tauben das Gehör geschenkt worden. Hoffnungslose Fälle hatten Zuversicht und Hoffnung gewonnen, wenn Jesus sie angesprochen hatte.

Aber was war das alles vom Ende her gesehen? Die Kreuzigung von Jesus hatte alle Hoffnungen durchkreuzt.

So fliehen sie vom Ort der Katastrophe, laufen fort von Jerusalem, wo sie jede Hausecke und jeder Pflasterstein daran erinnert, dass sie hier alle Hoffnung begraben mussten. Was bleibt, ist der Weg zurück.

Mutlos, hoffnungslos, ratlos – Endstation Emmaus.

Unterwegs gesellt sich ein Unbekannter zu ihnen, geht mit und hört ihnen zu. Schließlich ergreift er selbst das Wort.

Und damit beginnt die Wende in der Geschichte. Der Unbekannte erklärt ihnen die Schrift. Die beiden merken, dass Gott ihnen auf den Fersen ist. Er lässt sie nicht ziehen. Er holt sie ein, sie erkennen in dem Unbekannten den auferstandenen Christus.

Ihre Fluchtbewegung kehrt sich um. Mit neuem Glauben und neuer Hoffnung kehren sie an den Ort zurück, den sie kurz vorher verlassen hatten. Vom Glauben und von der Hoffnung erzählen sie dort, von wo man sie morgens weggehen sah.

Jerusalem – das war die Stadt ihrer Zweifel, ihrer

Resignation. Jerusalem – das ist jetzt die Stadt ihrer Hoffnung und ihrer Gewissheit. Die Begegnung mit dem Auferstandenen hat sie verändert. So gesehen ist die Geschichte der Jünger, die morgens nach Emmaus fliehen und abends als veränderte Menschen nach Jerusalem zurückkehren, eine schöne, ermunternde Geschichte.

Der Erzähler, der Evangelist Lukas, erzählt jedoch nicht nur eine Geschichte von damals. Er nimmt uns hinein ins Geschehen. Manchmal sind wir unterwegs in die falsche Richtung. Auf dem Weg zurück. Auf der Flucht vor uns selbst.

Die Begegnung mit dem Auferstandenen kann Veränderung bewirken. Auch heute noch.

(15. 2. 1995)

GEBEN IST SELIGER ALS NEHMEN

»Geben ist seliger als nehmen.« Ein Bibelwort, das zum geflügelten Wort geworden ist, eingegangen in den klassischen Zitatenschatz der deutschen Sprache. Da ruht es gut, des stillen Einverständnisses gewiss. So einfach ist das. Oder auch wiederum nicht.

Im Reichsmuseum in Amsterdam hängt ein faszinierendes Bild. Der Betrachter schaut mitten in eine große Küche hinein. Ein prächtiger Anblick! Feinschmeckern und Hobbyköchen lacht das Herz im Leib.

Auf einem gewaltigen Herd brät und kocht es. Das Küchenpersonal ist rastlos bei der Arbeit. Mitten in dieser Betriebsamkeit steht eine Frau, die Gastgeberin. Sie hat die Situation im Griff. Für den Gast sollen Küche und Keller das Beste liefern.

Eins ist allerdings merkwürdig. Wenn man vor dem Bild steht, fragt man sich unwillkürlich: Wo ist der Gast?

Erst beim zweiten Hinsehen merkt man, dass der Maler die Küchentür einen Spalt weit geöffnet hat. Durch diesen Spalt sieht man den Gast, weit weg und sehr klein. Er sitzt im Hintergrund und redet. Und eine Frau hört ihm zu. Hat sie nichts anderes zu tun?

Das Bild ist die Illustration der biblischen Erzählung von den beiden Frauen Maria und Marta. In ihrem Haus kehrt Jesus ein. Marta nutzt die Gelegenheit, ein ordentliches Festmahl auf die Beine zu stellen. Gäste sind ihr willkommen und immer gern gesehen. Sie bringen ein Stück Welt und Leben ins Haus und nehmen beste Erinnerungen an die gastliche Aufnahme mit. Marta arbeitet gern.

Und während Marta ihre Möglichkeiten zu geben nutzt, gebraucht ihre Schwester Maria die Möglichkeit zu nehmen. Sie nimmt sich Zeit zum Hören. Was sie empfängt? Worte. Worte, an die sie sich halten kann. Worte, die ihr helfen, Gott zu verstehen.

Wem gehören unsere Sympathien? Der rastlosen,

fleißigen, tüchtigen Marta, die sich um alles kümmert und darum niemals zur Ruhe kommt? Oder der zurückhaltenden, nachdenklichen Maria?

Kritische Anmerkungen fallen einem zu beiden ein.

Aber: Es geht in der Geschichte nicht um zwei miteinander konkurrierende Typen, die man je nach Sichtweise gegeneinander ausspielen könnte.

Es geht auch nicht um ein ausgewogenes Verhältnis von Arbeit und Besinnung. Die Schwestern müssen sich vielmehr die Frage gefallen lassen, worauf es in der konkreten Situation ankommt. Was ist gerade jetzt wichtiger?

Wie verhält sich Jesus? Er sagt zu Marta: »Im Grunde ist doch nur eines wirklich wichtig. Maria hat erkannt, was das ist – und ich werde es ihr nicht nehmen.«

Wenn Jesus zu Gast ist, geht es zuerst um das Empfangen. In der Begegnung mit ihm stellt sich heraus, dass der Mensch nicht von dem lebt, was er tut, sondern von dem, was er von Gott empfängt. Die Geschichte hält uns einen Spiegel vor. Auch wir sollen das eine, was notwendig ist, begreifen. Das hängt mit dem Augenblick zusammen. Gespräche sind oft wichtiger als essen.

Aber einen Hungrigen darf ich nicht mit Worten abspeisen.

Nur wer empfängt, kann geben. Aber wer anderen das Empfangene vorenthält, macht sich schuldig.

Einmal ehren wir Gott, indem wir sein Wort annehmen.

Einmal ehren wir Gott, indem wir uns für seine Sache einsetzen.

In beidem aber, im Nehmen und Geben, in dem, was wir heute tun oder lassen, sind wir allein an ihn gewiesen. *(16. 2. 1995)*

ALLES AUF EINE KARTE SETZEN

Wer alles auf eine Karte setzt, kann alles verlieren und alles gewinnen. Das gilt im Spiel, das gilt im Leben.

Ist es aber klug, alles auf eine Karte zu setzen? Wird das Leben da nicht zum Glücksspiel? Vernünftig ist solches Handeln wohl kaum zu nennen.

Die Bibel erzählt von der Begegnung von Jesus mit einer Frau, die so handelt und den Jüngern als Vorbild vor Augen gestellt wird.

Jesus sitzt im Tempel am Opferkasten. Eine arme Witwe kommt vorbei und legt zwei Pfennig ein. Jesus ruft daraufhin seine Jünger zusammen und sagt ihnen: »Diese arme Witwe hat mehr gegeben als alle. Alle haben von ihrem Überfluss gegeben, sie aber hat ihr ganzes Vermögen eingelegt.«

Das ist kurz gesagt die Geschichte vom sprichwörtlichen Scherflein der Witwe, eine Geschichte, eigentlich kaum der Rede wert.

Da ist zum einen diese arme Witwe. Im öffentlichen Leben nimmt sie nicht einmal eine Statistenrolle ein: mittellos, schutzlos, rechtlos. Nicht einmal einen Namen hat sie. Namenlos, bedeutungslos, eigentlich nicht der Rede wert.

Doch dann ist da das berühmte sprichwörtliche Scherflein. Eine Zwei-Pfennig-Kollekte. Mit Pfennigen aber kann man keinen Haushaltsplan aufstellen. Wer den Pfennig nicht ehrt, ist zwar des Talers nicht wert, sagt der Volksmund, für die Personalkosten und die Gebäudeunterhaltung, für die Diakonie und den kirchlichen Entwicklungsdienst aber braucht man Taler. Und das nicht zu knapp. Das ist nicht nur heute so. Die Regeln der Ökonomie galten auch damals.

Eine bedeutungslose Frau, eine bedeutungslose Gabe. Eine Geschichte, nicht der Rede wert.

Wir hätten die Geschichte wohl nicht erzählt, wenn wir am Opferkasten gesessen hätten. Wahrscheinlich hätten wir die Frau glatt übersehen.

Und wenn nicht, so wäre sie uns als Beispiel blanker Unvernunft haften geblieben. Wie kann jemand, der nichts hat, auch das noch spenden?

Nun aber sitzt Jesus am Opferkasten. Er sieht die Frau an. Er erzählt die Geschichte. Er übersieht niemanden. Er wertet anders. Bei Gott gibt es kein Ansehen der Person. Er sieht nicht auf die Leistungsfähigkeit. Reichtum, Macht und Einfluss – Faktoren, die den Rang in unserer Gesellschaft begründen, zählen für ihn nicht, machen nicht den Wert eines

Menschen aus. Dort, wo die großen und wirksamen Beiträge gewürdigt werden, wo allein die Leistung zählt, lenkt er unseren Blick auf einen Menschen, der mit bescheidenen Kräften an einer Aufgabe mitwirken will, die durch seinen Beitrag überhaupt nicht gefördert werden kann. Dennoch ist es gerade dieser Beitrag, der von Jesus anerkannt wird.

Gott hat ein Herz für die Schwachen. Er übersieht niemanden. Grund genug, einmal unsere Sichtweise zu überprüfen. Das ist *eine* Facette der Geschichte.

Jesus stellt uns diese Frau und ihr Opfer auch als Beispiel unbedingten Gottvertrauens vor Augen. Halbe Sachen sind nicht ihr Stil. Dabei hätte sie ohne weiteres 50% behalten können. Zwei Pfennig lassen sich doch gut teilen. Einen für den täglichen Bedarf, einen für den Opferkasten. Hier aber wird alles auf eine Karte gesetzt.

Eine beispielhafte Begegnung. So *kann* Gottvertrauen aussehen. Aber das Handeln der Frau weist noch in eine andere Richtung. Jesus bezieht das Opfer der Frau auf sich selbst. Er wird arm und gibt alles, was er geben kann, für die Menschen hin. Verachtet, verspottet, für verrückt erklärt. Die Frau gibt ein Beispiel dessen, was Jesus tun wird. Das macht die Geschichte der Rede wert. Der Glanz der Großen, die seinerzeit das Geschehen im Tempel bestimmten, ist vergangen. Deren Namen sind vergessen. Eine Namenlose ist unvergessen, weil Jesus ihre Geschichte erzählt hat.

(17. 2. 1995)

ALLE NOT KOMMT VOM VERGLEICHEN

»Alle Not kommt vom Vergleichen!« Der dänische Religionsphilosoph Sören Kierkegaard hat diesen Satz geprägt. Vielleicht kommt nicht *alle* Not vom Vergleichen, aber zumindest viel Not. Wir vergleichen uns mit anderen. Wir wägen unsere Möglichkeiten ab: Wenn ich bessere Startbedingungen im Leben gehabt hätte, wenn ich so begabt wäre wie, wenn ich meinen Traumjob hätte ergreifen können, wenn ich eine stabilere Gesundheit hätte, wenn meine Ehe nicht gescheitert wäre. Vergleichsmöglichkeiten gibt es genug. Da kann man selbst immer schlecht abschneiden. Und das macht Not. Das ist keine neue Erfahrung. Es ist eine Erfahrung seit alters her. Seit Menschen erzählen, wird davon berichtet. Die Bibel überliefert eine jahrtausendealte Geschichte. Es ist die Geschichte von zwei unterschiedlichen Brüdern, die Geschichte von Kain und Abel. Rein äußerlich sind die beiden nicht miteinander zu vergleichen. Kain ist in die Fußstapfen seines Vaters getreten und Bauer geworden. Abel, der jüngere, ist Hirte. Äußerlich zwei ungleiche Brüder. An einer Stelle waren sie tatsächlich zu vergleichen. Sie hatten gleiche Absichten. Beide versuchten, Gott zu gefallen. Kain brachte die besten Früchte vom Feld. Abel brachte die besten Tiere und Öl von seiner Herde. Gott sollte sich freuen. Hier ist die empfindliche Stelle. Wie oft sind zwei wirklich ganz dicht nebeneinander. Sie geben beide ihr Bestes. Der eine wird bestätigt, hat offensichtlich Erfolg. Der andere geht leer aus. Das zeigt der Vergleich. Neid wächst aus dem Vergleich. Bei den ungleichen Brüdern sehen wir es. Abel erlebt, wie Gott sich ihm zuwendet. Kain erlebt das Gegenteil. Kains Augen werden im Vergleich hin- und hergegangen sein, so wie Kinder zu Weihnachten ihre Gabentische vergleichen. Hat da einer etwas mehr bekommen? Kain war sauer. Er senkt den Blick und lässt den Kopf hängen. Der dort – der hat Erfolg, ich nicht! Seine Mühe hat sich gelohnt – meine nicht. »Die größte Not kommt vom Vergleichen!« Der andere kann sich seine Zeit einteilen – man selbst wird ständig gehetzt. Dem anderen geht alles leichter von der Hand – man selbst muss sich abmühen. Das Glück ist immer da, wo man nicht ist. Neid ist immer dort zu finden, wo einer sich nicht angenommen weiß. Wie gut können wir Kain verstehen! Es tut weh, wenn man auf Ablehnung stößt und keinen sichtbaren Erfolg hat. In dieser Situation ist es um Kains Fassung geschehen. Der Vorteil seines Bruders wurmt ihn. Er lässt seinem Zorn, seiner Enttäuschung, seinem Neid freien Lauf. »Lass uns aufs Feld gehen«, sagt Kain zu seinem Bruder. Dort bringt er ihn um. Wir sind keine Totschläger. Wir arbeiten subtiler. Aber entspricht unser Denken nicht oft dem Denken Kains? Kain führt aus, was wir manchmal nur zu denken wagen: »Wenn dieser Mensch nicht da wäre, dann hätte ich, dann wäre ich, dann ...« »Alle Not kommt vom Vergleichen!« Das Vergleichen zehrt an unserem Herzen und lässt uns nicht zur Ruhe kommen

– zum Frieden des Herzens, der darin zum Ausdruck kommt, dass einer sagt: »Mir wird nichts mangeln!« Dieser letzte Satz steht auch in der Bibel. Gesprochen von einem, der weiß, dass Gott ihn angenommen hat, auch wenn die äußeren Umstände das nicht bestätigen. Mir fehlt nichts. Gott gibt genug. Ich muss mich nicht ständig vergleichen. Ich nehme von Gott, der Gutes für mich will, die Verhältnisse an, unter denen ich lebe, die Aufgaben, die ich habe, die Veranlagungen und Gaben, die ich mitbekommen habe, die Grenzen, die mir gesteckt sind und die Möglichkeiten, die sich mir stellen.

Oft ist es ein langer Weg, ein Ja zur eigenen Lebenssituation zu finden, ein Ja zu sich selbst. Auf die Einstellung zu einer Lebenssituation kommt es an. Nicht bestimmte Fakten entscheiden ausschließlich, sondern wie ich mit ihnen umgehe. *(7. 7. 1997)*

ALLES IST KÄUFLICH

»Alles ist käuflich, und jeder ist käuflich«, murmelt der elegant gekleidete Mann im Fernsehkrimi. Über sein gepflegtes Gesicht huscht ein breites Grinsen, als er fortfährt: »Es ist alles nur eine Frage des Preises.«

Längst hat diese Haltung die Drehbuchwelt des

Krimis verlassen und ist mitten unter uns ansässig geworden. Wer es sich leisten kann, leistet sich alles – alles Mögliche, alles Unmögliche. Alles nur eine Preisfrage. Und die lässt sich mit Geld lösen.

»Hast du was, dann bist du was«, so lautet das materialistische Glaubensbekenntnis.

»Der oder die kann nicht genug bekommen«, sagt man wohl abfällig über andere und rechnet selbst im Überschlag, wann man sich die nächsten Kleidungsstücke, das nächste Auto, die nächste größere Reise leisten kann. Immerhin waren die Nachbarn schon in der Karibik, und so dicke haben *die* es doch auch nicht.

»Geld regiert die Welt« – sagt der Volksmund.

»Seid nicht geldgierig« – sagt die Bibel.

Ich höre natürlich sofort den Einwand: Was soll die Miesmacherei? Darf ich mir denn nichts leisten? Es geht hier nicht darum, alles aufzugeben. Es geht nur darum, nicht geldgierig zu sein.

Wer gierig ist, kann nicht richtig genießen. Der hat nichts von dem, was er verschlingt.

Wer sein Essen gierig runterschlingt, hat zwar seinen Magen gefüllt, schmecken und genießen wird er jedoch wenig.

Gott will nicht unsere Enthaltsamkeit, unsere Askese, den schlichten Lebensstil *an sich*, sondern im Gegenteil: er will das Genießen ermöglichen, damit wir die guten Gaben, die er uns gibt, auch wahrnehmen können.

Der ist doch eher arm als reich, der rafft und rafft und sich in Sorge verzehrt, dass er sein Vermögen nicht wieder verliert.

»Seid nicht geldgierig« – Jesus spitzt das in der Bergpredigt einmal so zu:

»Niemand kann zwei Herren dienen. ... Ihr könnt nicht gleichzeitig Gott und dem Geld dienen.«

»Seid nicht geldgierig« heißt dann: Unterwerft euch nicht diesem Götzen. Mit Geld gewinnt ihr nicht das Leben. Möglicherweise verspielt ihr es.

Das sind keine moralischen Sprüche. Es geht um mehr. Gott will uns mit seinem Gebot nicht den Spaß und die Freude an den schönen Dingen des Lebens verleiden. Er will uns vielmehr die Augen dafür öffnen, dass wahres Leben nicht käuflich ist. Wer nur in den Geldbeutel starrt – sei er leer oder voll –, bekommt dafür keinen Blick.

Vielleicht verhilft uns eine alte jüdische Geschichte zum Blickwechsel:

Einmal kam ein Mann zu einem Rabbi und sagte: »Rebbe, ich verstehe das nicht: Kommt man zu einem Armen, der ist freundlich und hilft, wo er kann. Kommt man aber zu einem Reichen, der sieht einen nicht mal. Was ist das bloß mit dem Geld?«

Da sagt der Rabbi: »Tritt ans Fenster. Was siehst du?«

»Ich sehe eine Frau mit einem Kind. Und einen Wagen, der zum Markt fährt.«

»Gut. Und jetzt tritt vor den Spiegel. Was siehst du?«

»Nu, Rebbe, was werd ich sehen? Mich selbst.«

»Nun siehst du: Das Fenster ist aus Glas gemacht, und der Spiegel ist aus Glas gemacht. Man braucht bloß ein bisschen Silber dahinter zu legen, schon sieht man nur noch sich selbst.« *(13. 10. 1997)*

ALLES HAT SEINE ZEIT

KEINE ZEIT

»Ach du liebe Zeit«, sagt so mancher, wenn ihm ein Blick auf die Armbanduhr deutlich macht, dass die Zeit wieder einmal davonläuft. Täglich schauen wir mehrmals auf die Uhr. Der Blick auf das Zifferblatt zeigt nicht nur Zeit und Stunde an, sondern macht bewusst, dass unser Leben durch die Zeit bestimmt und befristet ist.

Hugo von Hofmannsthal schrieb einmal:

»Die Zeit ist ein sonderbares Ding; wenn man so dahinlebt, ist sie rein gar nichts. Aber dann auf einmal, da spürt man nichts als sie.«

Jeder kann das bestätigen. Oft achten wir kaum auf die Zeit. Ein anderes Mal schauen wir ständig auf die Armbanduhr. Wir zählen die Minuten: auf dem Bahnsteig, vor einer besetzten Telefonzelle, vor einer Operation, vor einer wichtigen Besprechung.

Es gibt Jahre, in denen wir nicht merken, dass wir älter werden. Und dann gibt es Zeiten, in denen wir uns nicht mehr auf den nächsten Geburtstag freuen können.

Die meisten Güter auf unserer Welt sind ungerecht verteilt. Wenige haben sehr viel, manche einiges und viele sehr wenig. Nur *eins* haben alle Menschen gleich viel: *Zeit.* Für jeden hat der Tag 24 Stunden, das sind 1 440 Minuten oder 86 400 Sekunden. Trotzdem hat man den Eindruck, dass wenige genug Zeit haben und die meisten Menschen viel zu wenig. Wir reden von Zeitnot und klagen über den Zeitdruck, unter dem wir stehen. Wir vertreiben uns die Zeit oder schlagen sie tot. Manchmal sind wir sauer, weil uns jemand die Zeit gestohlen hat. Wir vertrödeln oder gewinnen Zeit, wir nutzen oder verlieren Zeit.

Die Armbanduhr wird zum Antreiber und zum Kontrolleur der Zeit.

Ich habe keine Zeit, so sagen wir manchmal zu Recht oder Unrecht. Wer kann es sich schon leisten zu sagen: Ich habe Zeit!

Erwähnen wir unsere Zeitknappheit nicht sogar mit einem gewissen Stolz? Wer immer keine Zeit hat, dessen Stunden müssen wohl sehr kostbar sein und damit er selbst auch.

Wenn jemand so nachdrücklich bekennt: Ich habe keine Zeit, ich bin so eingespannt, ohne mich geht es nicht – dann hebt das doch das Selbstwertgefühl?!

Wer dagegen sagt: »Ich habe Zeit!« – wird der nicht von vielen Menschen als unnützes Glied unserer Gesellschaft gesehen? Als Schmarotzer?

Wir brauchen immer wieder Zeiten, in denen wir alles aus der Hand legen können: den Beruf und den Haushalt, Termine und Hetze, Verpflichtungen und Sorgen. Manchmal müssen wir in Ruhe aus der Distanz

Dinge und Situationen betrachten und wieder zu uns selbst finden.

»First things first«, sagen die Engländer. »Die ersten Dinge zuerst.« Wichtiges vom Unwichtigen unterscheiden. Und bei allem den Herrn der Zeit nicht außer Acht lassen.

Eine der eindrucksvollsten Kirchturmuhren, die ich kenne, befindet sich am Turm einer alten Dorfkirche in Norddeutschland. Das Zifferblatt trägt statt der Zahlen zwölf Buchstaben. Wenn man sie nacheinander liest, ergeben sie einen Satz. Er lautet: Zeit ist Gnade.

(14. 11. 1996)

GESCHENKTE ZEIT

Im Wohnzimmer meiner Großmutter steht eine alte Standuhr. Seit Generationen gehört sie zu diesem Zimmer. Ob sie schön ist, weiß ich nicht. Ich weiß nur, dass ich mir das Wohnzimmer ohne diese Uhr nicht vorstellen kann. Groß und wuchtig ist die Standuhr, mit einem gewaltigen Pendel. Goldfarbene schwere Gewichte halten sie in Gang, lassen die schwarzen Zeiger auf dem silbern schimmernden Zifferblatt kreisen. Und sie tickt, tagaus, tagein, monoton und schwerfällig. Als mache es ihr Mühe zu laufen. Man kann es deutlich hören. Sie tickt nicht gerade leise.

Vor meinen Augen entstehen Bilder aus der Vergangenheit. Als Großmutter Großvater heiratete – hier im Wohnzimmer hat man gefeiert, gelacht und vor Freude geweint. Und im Hintergrund tickte die alte Uhr. Als Mutter geboren wurde, tickte sie ihren monotonen Takt. Das Ticken der Uhr begleitete auch Großvaters Sterben. Es war das einzige Geräusch. Alles andere war still, totenstill.

Im Takt des Uhrpendels vernehme ich die Worte jenes Predigers Salomo:

»Ein jegliches hat seine Zeit, und alles Vorhaben unter dem Himmel hat seine Stunde:
Geboren werden hat seine Zeit, sterben hat seine Zeit; pflanzen hat seine Zeit, ausreißen, was gepflanzt ist, hat seine Zeit; ...
weinen hat seine Zeit, lachen hat seine Zeit;
klagen hat seine Zeit, tanzen hat seine Zeit; ...
schweigen hat seine Zeit, reden hat seine Zeit;
lieben hat seine Zeit; ... Streit hat seine Zeit;
Friede hat seine Zeit« (Prediger 3,1 f.; Luther).

Was wird da beschrieben? Ist das nicht ein fatalistisches Einerlei, ein gleichmäßiger, ununterbrochener Ablauf – eben wie das Ticken der Uhr?

Nein, unsere Zeit ist sehr verschieden von der Zeit, die die Uhr anzeigt. Sie kann in unserem Empfinden lang oder kurz sein – in Stunden des Glücks anders als in Stunden des Schmerzes – auch wenn der Zeiger der

Uhr die gleiche Spanne zurückgelegt hat. Denn unsere Zeit ist eben immer schon gefüllte Zeit. Zeit, die wir erfahren und erleben, die wir selbst gestalten durch unser Reden und Tun. Es gehört zum Geheimnis der Zeit, dass sie uns von Gott in so verschiedener Art geschenkt wird. Zeiten der Freude und Zeiten des Schmerzes finden sich darin und manchmal liegen sie sehr nah beieinander. Doch beides gehört zusammen. Beides empfangen wir in gleicher Weise als »unsere Zeit« aus der Hand dessen, der uns alle geschaffen hat.

Besondere Gedenktage im November erinnern an die Vergänglichkeit unseres Lebens: Volkstrauertag, Totensonntag.

Sie erinnern daran, dass unsere Zeit nicht in unseren Händen steht. Wir können unsere Zeit nutzen, wir können unsere Zeit vergeuden. Aber verlängern können wir unsere Zeit nicht, allem Fortschritt zum Trotz.

»Meine Zeit steht in deinen Händen« (Psalm 31,16; Luther). So wird in der Bibel gebetet. Meine Zeit – in Gottes Händen. Das ist Trost beim Abschiednehmen, und es ist eine Zusage. Unsere Zeit hat ihr Ziel in Gott. Das Ende der uns geschenkten Zeit ist nicht einfach der Absturz in die Sinnlosigkeit des Todes, sondern ist ein Weg zu Gott, in seine Hand.

Meine Zeit – in Gottes Hand. Wer das nachsprechen kann, verschließt die Augen nicht vor den dunklen Stunden. Er durchlebt sie alle: gute Zeiten, schlechte Zeiten, Zeiten der Freude und der Niedergeschlagenheit, Zeiten des Glücks und Zeiten des Leides. Und er weiß: beides ist von Gott gehaltene Zeit – trotz allem. Damit trotzt er allem, was ihm den Mut nehmen will. Der kann ein Lebenslied anstimmen inmitten der vergehenden Zeit, denn er weiß: vom Leben komme ich her und auf das Leben gehe ich zu.

Das laute Ticken von Großmutters alter Standuhr – vordergründig ein fatalistisches Lied: die Zeit verrinnt, es gibt kein Entrinnen. Doch hört man genauer hin – ein Lebenslied: Meine Zeit steht in deinen Händen.

(15. 11. 1996)

ERSPARTE ZEIT

Was fangen Sie heute mit Ihrer Zeit an? Oder haben Sie vielleicht gar keine Zeit mehr, um darüber nachzudenken? Kommen Sie gar nicht mehr richtig zur Besinnung, weil Ihre Zeit schon verplant ist? Oder sollte das Nachdenken über die Zeit sogar selbst schon Zeitverschwendung sein?

Der französische Dichter Antoine de Saint-Exupéry erzählt eine kleine Geschichte von der Ausnutzung der Zeit:

»Guten Tag«, sagte der kleine Prinz.

»Guten Tag«, sagte der Händler.

Er handelte mit höchst wirksamen, durststillenden

Pillen. Man schluckt jede Woche eine und spürt überhaupt kein Bedürfnis mehr zu trinken.

»Warum verkaufst du das?«, sagte der kleine Prinz.

»Das ist eine große Zeitersparnis«, sagte der Händler. »Die Sachverständigen haben Berechnungen angestellt. Man erspart dreiundfünfzig Minuten in der Woche.«

»Und was macht man mit diesen dreiundfünfzig Minuten?«

»Man macht damit, was man will ...«

»Wenn ich dreiundfünfzig Minuten übrig hätte«, sagte der kleine Prinz, »würde ich ganz gemächlich zu einem Brunnen laufen ...«

Hatte der kleine Prinz nicht begriffen, um was es ging? Was hätte er mit der ersparten Zeit nicht alles anfangen können! Und dann diese Zeitverschwendung! Uns wäre sicherlich Sinnvolleres eingefallen. Jedenfalls wären wir mit der Sache ökonomischer umgegangen. Erparte Zeit muss schließlich etwas bringen. Zeitgewinn muss Gewinn bringend angelegt werden. Wenn Zeit Geld ist, muss erparte Zeit Zinsen bringen! Und das darf sie auch. Aber immer und überall? Ist nur das Zeitgewinn, was auch bilanzwirksam werden kann?

Aus vielen unserer Leistungen blickt uns Zeitgewinn an. Und er ödet uns zugleich an.

Wir haben Zeit gespart und dabei Verluste eingefahren.

Der Wanderer kennt das Problem der Abkürzungen. Sie machen den Weg schnurgerade – aber oft entfernen sie den Wanderer auch von reizvollen Punkten. Wer heute nach Italien fährt, hat die schönen Straßentunnel, er braucht im Gebirge nicht mehr mit Eis und Schnee zu kämpfen. Aber nicht nur die Beschwernisse hat er gespart, er hat auch den Blick von der Passhöhe ins sonnige Italien verschenkt. Den Eindruck der Berge hat er nicht erlebt, und von den Blumen und Gräsern einer Bergwiese hat er nichts gesehen.

Wir haben für alles Abkürzungen. Erst langsam fangen wir an zu überlegen, ob uns damit nicht etwas verloren geht. Einer der Ersten, der diese Frage gestellt hat, war der Dichter Joseph von Eichendorff. Die Begeisterung, die die ersten funktionierenden Eisenbahnzüge bei seinen Zeitgenossen ausgelöst hatte, konnte er nicht teilen. Fassungslos und mit einem Schuss feiner Ironie fragte er, welchen Sinn es haben sollte, das Reisen, das doch etwas sehr Schönes sei, abzukürzen.

Ist das aber nicht eine Anfrage aus der Ferne längst vergangener Zeiten, aus der »guten alten Zeit«?

Ich bin keine Romantikerin. Ich freue mich über manche Abkürzung. Abkürzungen erleichtern auch das Leben. Wenn sie mit Sinn und Verstand eingeschlagen werden. Mit Besonnenheit, der allerdings Besinnung vorangeht.

Denken wir zum Beispiel an den Sonntag. Sonntag feiern heißt zur Besinnung kommen. Zur Besinnung auf den Gott, in dessen Händen meine Zeit steht, wie es einmal in der Bibel heißt.

Haben Sie heute Zeit gespart? Und die gesparte Zeit schon wieder verplant? Dann haben Sie vielleicht den Zeitgewinn schon wieder verspielt.

Bernhard von Clairvaux schrieb vor über achthundert Jahren an einen seiner früheren Mönche, Papst Eugen III.:

»Wo soll ich anfangen? Am besten bei deinen zahlreichen Beschäftigungen, denn ihretwegen habe ich am meisten Mitleid mit dir« ... »Wenn du dein ganzes Leben und Erleben völlig ins Tätigsein verlegst und keinen Raum mehr für die Besinnung vorsiehst, soll ich dich da loben? Darin lob ich dich nicht. Ich glaube, niemand wird dich loben, der das Wort Salomos kennt: ›Wer seine Tätigkeit einschränkt, erlangt Weisheit‹ (vgl. Sirach 38,24). Und bestimmt ist es der Tätigkeit selbst nicht förderlich, wenn ihr nicht die Besinnung vorausgeht.« *(16. 11. 1995)*

GUTE ZEITEN - SCHLECHTE ZEITEN

Ich telefonierte mit meiner neunjährigen Nichte. Der übliche Gesprächsinhalt: Wie geht's? Was macht die Schule? Freust du dich auf deinen Geburtstag?

Die Lage war glänzend, gesundheitlich, schulisch und überhaupt. Beste Aussichten auf einen schönen

Geburtstag. Nach dieser Beschreibung der Lage machte meine Nichte eine Pause und fuhr dann fort: »Also, weißt du, es gibt gute Zeiten im Leben, und es gibt schlechte Zeiten im Leben. Ich habe jetzt gute Zeiten.«

Eine philosophisch aufgeweckte kleine Nichte hast du da, sagte ich mir und erkundigte mich nach den schlechten Zeiten im Leben. Die Antwort fiel prosaisch aus: »Wenn du ein Bein brichst, hast du schlechte Zeiten.«

Gute Zeiten – schlechte Zeiten. Alles hat seine Zeit. Beides gehört zu unserem Leben dazu. Das ist nüchterne Bestandsaufnahme.

Wie das Leben, so ist auch die Zeit eine Gabe Gottes. Meine Zeit, die mir geschenkte Zeit, kennt verschiedene Zeiten. Wenn wir glücklich sind, erleben wir Zeit anders als in Stunden des Schmerzes, auch wenn der Zeiger der Uhr die gleiche Spanne zurückgelegt hat.

Unsere Zeit ist immer gefüllte Zeit. Zeit, die wir erfahren und erleben, die wir selbst durch unser Reden und Tun gestalten. Es gehört zum Geheimnis der Zeit, dass sie uns von Gott in so verschiedener Art geschenkt wird. Zeiten der Freude und Zeiten des Schmerzes finden sich darin, und manchmal liegen sie sehr nahe beieinander.

Ich erlebe das in Familien, die innerhalb von kurzer Zeit die Geburt eines Kindes und den Tod eines geliebten Menschen erleben. Freude und Trauer liegen nahe beieinander. Beides gehört zusammen. Beides macht die Unverwechselbarkeit menschlichen Lebens aus.

Wie aber richte ich mich in diesen Zeiten ein?

Wie lebt es sich in der Spannung zwischen Plus und Minus? Es ist eine Lebenskunst, sich darin einzuüben. Die Hoch-Zeiten – kein Problem! Aber der Alltag? Die Zeiten, von denen es einmal in der Bibel heißt: »Sie gefallen mir nicht.«

Es ist eine wichtige Lektion, zu den Umständen und Fügungen des Lebens Ja sagen zu lernen. Es bedeutet letztlich Ja sagen zu dem, was Gott einem Menschen an Erfolg und Misserfolg, an Gelingen und Scheitern zuteilt.

Der Weg dahin ist oft lang und unbequem. Ein Ja zum eigenen Leben, zu seiner Herkunft, seinen Schwächen und Begrenzungen zu finden, ist nicht leicht. Ein Ja zu einer unheilbaren Krankheit, ein Ja zu einer zerbrochenen Beziehung muss erkämpft werden.

Wer schwere Zeiten erlebt hat, weiß, dass dieses Ja eigentlich nur erbeten werden kann.

Vielleicht mit Worten aus Psalm 23 (nach Johannes Hansen):

»Und ob ich von schweren Gedanken bedrängt werde, meine Schwächen schmerzlich erleide, mir in dunklen Stunden selbst fremd bin, mich in Konflikten des Alltags verletze, mir Kritiker hart meine Grenzen zeigen, mich das Leid meiner Menschenbrüder entsetzt und ich im Leben mein Sterben kommen spüre, weiß ich mich dennoch von Deiner Hand gehalten.

Und ob, ich bin unendlich geborgen, denn Du bist immer bei mir. Deine Nähe umgibt mich Tag und Nacht.

Du holst mich von falschen Wegen zurück ... Du meinst es auf ewig gut mit mir. Ich bin unendlich geborgen, denn Du bist immer bei mir.« *(22. 11. 2000)*

VERGEHENDE ZEIT

»Die Zeit tut, was sie schon immer tat: sie verstreicht«, sagt der Schriftsteller Siegfried Lenz. Wir aber sind mittendrin im Strom der Zeit. Wir stehen nicht am Ufer als distanzierte Beobachter. Die Zeiger der Uhr zeigen nicht nur das abstrakte Verstreichen der Zeit an. Nein, hier verstreicht auch meine Zeit.

»Die Zeit ist ein sonderbar Ding, wenn man so hinlebt, ist sie rein gar nichts. Aber dann auf einmal, da spürt man nichts als sie. Sie ist um uns herum, sie ist auch in uns drinnen.«

An die Vergänglichkeit zu erinnern war zu keiner Zeit leicht. Es erforderte immer Mut. Gerade in einer Zeit wie der unseren, wo Jugendlichkeit und Vitalität geradezu verherrlicht werden, ist das alles andere als populär.

Wir lassen uns lieber von Schlagersängern wie Udo Jürgens in die Illusion wiegen, »mit 66 Jahren« finge das Leben erst an – und dann würden wir als Oma und Opa so richtig losfetzen. Ich weiß nicht, ob Udo Jürgens das selbst so ganz ernst meint. Aber ist es nicht typisch für unsere Zeit, dass man sein Alter verleugnen muss und nur in jugendlichem Look und mit sportlichem Schwung eine Chance hat, als Älterer noch akzeptiert zu werden? »Lehre uns, unsere Zeit zu nutzen, damit wir weise werden«, steht in der Bibel (Psalm 90,12).

Unser Lebensgefühl sagt uns, dass unsere Zeit immer schneller verfliegt. Da ist die Aussage von der Flüchtigkeit und Vergänglichkeit unseres Lebens ausgesprochen aktuell.

Das Leben wie ein flüchtiger Hauch, der Mensch wie eine rasch verwelkende Blume, der Tod wie ein unbarmherziges Hingemähtwerden – passt das nicht haargenau zur Beschreibung des rastlosen, gehetzten Menschen unserer Tage, der heute alles haben muss, weil es ein Morgen möglicherweise nicht mehr gibt?

Zwischen dem Lebensgefühl der Bibel und dem ruhe- und rastlosen Zeitgenossen unserer Tage besteht doch ein fundamentaler Unterschied.

In der Bibel bedenken Menschen ihr Leben vor dem Angesicht Gottes. Ihre Lebensspanne von 70, 80 Jahren verdampft wie ein Tropfen Wasser auf einem heißen Stein angesichts dessen, dass Gott von Ewigkeit zu Ewigkeit ist.

Da schnurrt ein menschliches Leben auf einen Augenblick, einen Wimpernschlag, zusammen. Aber können und wollen wir unser Leben überhaupt unter diesem Blickwinkel betrachten? Versuchen wir nicht stattdessen, der Begrenztheit und Knappheit unserer

Zeit, ja selbst der Vergänglichkeit und Vergeblichkeit unseres Lebens zu entkommen?

Wir geben uns alle Mühe, das Leben zu verlängern und zu dehnen, seines definitiven Endes nicht gewahr zu werden. Etwa indem wir die Fiktion der ewigen Jugend vorgaukeln und uns gerne das Bild des Alten suggerieren, der mit 70, 80 Jahren immer noch fit wie ein Turnschuh ist.

»Lehre uns, unsere Zeit zu nutzen, damit wir weise werden.«

Das ist eine andere Botschaft. Ein weises Herz schafft Gelassenheit, schafft langen Atem. Es weiß, dass die eigene Zeit aus Gottes Händen kommt und in seinen Händen liegt. *(23. 11. 2000)*

NOVEMBERSTIMMUNG

November – für viele Menschen ein trauriger Monat. Die bunten Farben des goldenen Oktobers sind vergangen. Warmer Kerzenschein und schöne Überraschungen warten erst im Dezember.

Der November ist trüb und neblig. Er lässt die letzten Blumen sterben. Kahle Bäume bilden eine passende Kulisse zu den düsteren Trauer- und Totengedenktagen dieses Monats.

Der Volkstrauertag ist der Gedenktag für die Opfer von Gewalt und Krieg in allen Völkern. Am Mittwoch danach feiern evangelische Christen den Buß- und Bettag. Am darauf folgenden Sonntag ist dann der Totensonntag, auch Ewigkeitssonntag genannt. In den Gottesdiensten werden die Namen von Verstorbenen verlesen, die im jeweils zurückliegenden Kirchenjahr gestorben sind. Namen von Menschen, die wir lieb hatten, mit denen wir das Leben geteilt haben. Viele besuchen die Gräber von Angehörigen.

In unserer Gemeinde beträgt die Altersspanne der Verstorbenen oft fast 100 Jahre. Da ist der Säugling, wenige Stunden nach seiner Geburt verstorben, und der Greis, der fast 100 Jahre alt wurde; die 18-jährigen Jugendlichen, die sich bei einem Verkehrsunfall zu Tode fuhren und der Mittvierziger, der einem Herzinfarkt erlag.

Totensonntag – Menschen blicken zurück, erinnern sich an schöne und schwierige Wegstrecken, die sie mit den Verstorbenen erlebt haben. Es wird gelacht und geweint.

Viele tragen als kostbares Vermächtnis das letzte Wort eines lieben Menschen im Herzen. Solche Worte haben ein besonderes Gewicht, z. B. das Wort: Ich liebe dich!

Von Martin Luther ist als letztes Wort überliefert: »Wir sind Bettler, das ist wahr!« Bilanz eines Menschen, der viel geleistet und bewegt hat. Er wusste, dass wir bei aller Leistungsbilanz vor Gott einmal mit leeren Händen dastehen – wie Bettler eben.

Totensonntag – Tag der Erinnerung an liebe Menschen, die wir vermissen. Aber wer nur zurückblickt, gewinnt keine Zukunft. Wir müssen den Weg vom Totensonntag zum Ewigkeitssonntag finden. Ewigkeitssonntag – dieser zweite Begriff erinnert an den ewigen Gott, der von Generation zu Generation da ist, der Kaiser, Könige und Staatschefs überdauert.

Menschen treten von der Lebensbühne ab. Es gehen die, mit denen wir unser Leben teilen. Wir selbst werden einmal gehen. Niemand weiß, wann das sein wird. Aber das ist das Wichtigste: Jesus Christus kommt wieder!

Diese Perspektive verändert mein Leben. Wer daran glaubt, lebt gelassener, zuversichtlicher. Der blickt nicht nur zurück, sondern auch nach vorn. Es kann ihn nicht mehr alles runterziehen. Bedrängendes wird vorläufig. Natürlich bleiben Sorgen und kommen auch wieder. Natürlich bleibt die Trauer um liebe Menschen. Aber Sorgen und Trauer haben eine andere Qualität, weil sie ihre letzte Autorität verlieren. Jesus Christus ist da und regiert – und zwar jeden Tag. Der gekommene Herr ist auch der wiederkommende Herr. Ihm gehen wir entgegen. *(24. 11. 2000)*

HEILSAME UNTERBRECHUNGEN

Es ist noch gar nicht so lange her, da kannte man noch keine Uhr, jedenfalls nicht das, was wir darunter verstehen. Trotzdem lebten die Menschen nicht zeitlos. Für sie waren Sonne und Mond die Uhrzeiger Gottes.

Das Jahr wurde durch den Mond in Monate geteilt. Die Zeit schießt nicht ungeordnet dahin. Es gibt Abschnitte, die der Mondwechsel markiert. Noch deutlicher wird dies, wenn wir beobachten, wie die Sonne auf- und untergeht. Vielen Lebewesen fällt es im Traum nicht ein, die Nacht zum Tag und den Tag zur Nacht zu machen. Sie respektieren den ihnen vom Schöpfer zugedachten Rhythmus.

Ein großer Widerspruch zu unserer menschlichen Wirklichkeit. Wir arbeiten bis zum Umfallen, dann strecken wir alle viere von uns, zerstreuen uns in einem rasanten Wochenende und nennen das Entspannung. Entspannen will man, nicht mehr Feierabend halten.

Ein Witz spitzt das treffend zu:

»Weißt du, was ein englischer, ein französischer und ein deutscher Rentner tun, wenn sie morgens aufstehen?

Ein englischer Rentner trinkt einen Brandy und geht in den Club.

Der französische Rentner trinkt einen Cognac und geht mit seinen Freunden Boule spielen.

Der deutsche Rentner nimmt eine Herztablette und geht zur Arbeit.«

Wer die Fähigkeit verloren hat, Feierabend zu machen, jagt sich zu Tode. Die gesellschaftliche Diskussion um den Feiertag ist keine Lappalie. Es ist eine Anfrage an den gebotenen Rhythmus.

Wer von der geteilten Zeit her lebt, bezeugt, dass er nicht durch seine Leistung lebt, sondern allein durch Gottes Gnade. Die Schöpfungsgeschichte am Anfang der Bibel erzählt, dass Gott den Menschen am Schluss seines Schöpfungswerkes schuf. Dann ruht er aus. Gott ruht aus! Gott macht Feierabend. Der erste Tag des Menschen ist ein Ruhetag. Das Leben beginnt mit einem großen Aufatmen und der Freude an allem, was Gott für ihn geschaffen hat. Der Mensch hat teil an der Vollendung des Werkes Gottes. Der Ruhetag ist Gottes Wohltat für seine Menschen.

Mit Recht haben Menschen bisher die soziale Schutzeinrichtung eines Ruhetages genossen. Schließlich ist der Mensch keine Arbeitsmaschine.

Die ersten Christen haben schon sehr bald den ersten Tag der Woche als Tag der Auferstehung von Jesus Christus gefeiert. Das ist die Geburtsstunde des Sonntags. Man traf sich, um das Wort Gottes zu hören, ihn zu loben, ihm zu danken.

Ob die Wiederentdeckung des Sonntags als Tag der Ruhe nicht lebenswichtig für uns ist?

Der Sonntag ist eine heilsame Unterbrechung des Alltags, denn ohne Sonntage gibt es nur noch Werktage.

Sonntag feiern bedeutet: sich erinnern, dass Gott uns nicht zuerst an die Arbeit stellt. Er gibt uns vielmehr frei. Der Sonntag ist Tag der Menschenfreundlichkeit Gottes. Gott freut sich an seinen Werken und lädt uns ein, mitzufeiern.

Übrigens: Der Gottesdienst ist eine gute Möglichkeit, Gott zu feiern und die Prioritäten zu ordnen. Jeden Sonntag feiern die christlichen Gemeinden Gottesdienst. Sie sind eingeladen, mitzufeiern!

(25. 11. 2000)

ÄLTER WERDEN

Heute sind Sie einen Tag älter als gestern. Morgen werden Sie einen Tag älter sein als heute. Ich auch. Zwangsläufig und ungefragt.

Meine Nichte wartet sehnsüchtig auf das Älterwerden. Sie möchte am liebsten einige Jahre überspringen. Aber sie ist ja auch erst dreizehn. Erwachsen will sie werden, den Führerschein machen. Geburtstag feiert sie gerne. Den nächsten kann sie kaum erwarten. Vom Altern hat sie natürlich keine Ahnung. Sie wird immer schöner, glaubt sie.

»Ich lasse meinen Geburtstag ausfallen«, sagt dagegen ein Bekannter zu mir. Es geht um seinen fünfzigsten. »Ich feiere nicht. Ich fliege ein paar Tage in den

Süden. Ganz allein, nur mit meiner Frau.« »Schade um die schöne Feier«, dachte ich, »aber dem Altern entgehst du auch in der Ferne nicht.«

»Spiegelbild« heißt ein Gedicht von Rose Ausländer. Es lautet:

>»Nimm
>deinen Körper
>zur Kenntnis
>
>Du blickst
>dich an
>und fragst
>wer bin ich
>
>Du bist nicht
>Du wirst
>älter
>alt.«

»Nimm deinen Körper zur Kenntnis.« Die Schritte werden kürzer. Es geht langsamer. Nicht mehr zwei Stufen auf einmal. Lieber Fahrstuhl als Treppe. Wir spüren, dass wir eher müde werden. Die frühere Spannkraft lässt nach. Manche körperlichen Beschwerden stellen sich ein. Dann der Blick in den Spiegel. »Du blickst dich an.« Das Haar wird grau, wenn es nicht schon dabei ist auszufallen. Das Gesicht – vom Leben gezeichnet. Ich brauche eine Brille, um mich selbst im Spiegel betrachten zu können. »Wer bin ich?« Das Gedicht antwortet darauf:

> »Du bist nicht
> Du wirst
> älter
> alt.«

Ich lese in der Bibel (Psalm 90,10.12):

»Unser Leben dauert siebzig Jahre, vielleicht sogar achtzig ... Lehre uns, unsere Zeit zu nutzen, damit wir weise werden.«

Weise, kluge Worte. Gib die eigenen Lebenslügen auf. Lass zu, dass Gott dir deine Illusionen nimmt. Älter werden bedeutet in hohem Maße loszulassen. Wir kommen mit geschlossenen Händen zur Welt und verlassen sie mit offenen, leeren Händen. Als kleine Kinder lernen wir greifen, zupacken, festhalten. Je älter wir werden, desto wichtiger wird das Loslassen. Das, was wir halten, hält uns nicht. Es zerrinnt uns unter den Händen. Wie unsere Zeit. Wer sie festhalten will, versäumt das Leben.

»Unsere Tage zu zählen, lehre uns.« Solches Zählen kann zum Schlüssel werden, das Leben zu begreifen. Begreifen als ein anvertrautes Gut, ein Geschenk auf Zeit. Der ist weise, der durch ein Leben im Angesicht seiner begrenzten Zeit zu einem Leben im Angesicht Gottes hindurchfindet. Er hält die Lebenszeiten in der Hand. Er steht am Anfang. Er setzt das Ende. Nach

Meinung der Bibel ist die Zeit des Menschen keineswegs nur vergehende Zeit.

Das ist sie auch. Sie ist vor allem geschenkte und gewährte Zeit. Denn meine Zeit steht in Gottes Händen. Wir werden nicht gefragt, ob wir älter werden wollen. Die Frage ist, wie wir alt werden. Gewinnen wir Weisheit? Dann können wir wohl jeden Geburtstag feiern. Dann ist jeder Geburtstag ein Feiertag. Es wäre töricht, ihm zu entfliehen. Dann gilt allen, die heute Geburtstag haben, ein herzlicher Glück- und Segenswunsch!

(5. 8. 2002)

SICH FÜR MENSCHEN EINSETZEN

EHRENAMTLICHES ENGAGEMENT

»Die Demokratie lebt vom Ehrenamt«, hat Theodor Heuß, der erste Bundespräsident der Bundesrepublik Deutschland, einmal formuliert. Die Lebensqualität einer Gesellschaft hängt eben nicht nur von der materiellen Versorgung ihrer Bürger ab, sondern mindestens ebenso von dem Klima des sozialen Miteinanders. Dieses aber wird in erheblichem Maß durch das Engagement Ehrenamtlicher bestimmt. Sie stellen ihre Zeit, ihre Kraft, ihre Erfahrung und ihre Kompetenz zur Verfügung, um Hilfe und Unterstützung anzubieten, Selbsthilfe zu fördern und Gemeinschaft und Solidarität erfahrbar zu machen. Ehrenamtliche Arbeit kann ebenso professionell sein wie bezahlte.

Was für das demokratische Gemeinwesen gilt, gilt erst recht von der Kirche. In den Kirchen ist die Bereitschaft zur ehrenamtlichen Arbeit sehr hoch. Nach evangelischem Verständnis sind die Christen durch die Taufe berufen und ermächtigt, die Aufgaben der Kirche selbst zu übernehmen, zu beraten und zu entscheiden. Dabei sollen Frauen und Männer, Junge und Alte aufgrund ihrer Begabungen und Fähigkeiten in unterschiedlichen Aufgaben haupt- und ehrenamtlich zusammenarbeiten.

Christliche Gemeinde – das ist die Zusammenfassung der verschiedenen Gaben, die Gott geschenkt hat. Die Fähigkeit, zuhören zu können und zu trösten. Oder die Gabe, ein gelungenes Fest vorzubereiten. Oder jemand spürt, wo dem Nachbarn, der Arbeitskollegin gerade der Schuh drückt. Ein anderer kann Konzeptionen entwickeln und in die Tat umsetzen. Andere bringen ihre Kompetenz in Vorständen und Fördervereinen ein. Die Gaben sind bunt und vielfältig. Gott sorgt mit seiner Zuteilung von Begabungen für Originalität und Vielfalt. Und dafür, dass Sie, dass ich ein eigenständiges Exemplar bin und dennoch die Ergänzung durch andere brauche.

Ich finde es spannend, wenn Mitarbeiterinnen und Mitarbeiter erzählen, wie sie selbst von der Mitarbeit profitieren. Sie erfahren, dass sie gebraucht werden, dass sich ihr Einsatz lohnt. Ihr Leben wird durch die ehrenamtliche Tätigkeit bereichert. Manche haben entdeckt, dass sie noch ganz andere Fähigkeiten haben als die, die im Beruf gefordert sind. Andere bringen ihre berufliche Kompetenz sinnvoll ein.

Wie viele unerkannte Talente treten zutage, wenn nur die Chance der Mitarbeit geboten wird. Gaben sind wie Geschenke. Niemand bekommt alles, aber alles muss ausgepackt werden. Wenn ich daran denke, wie viele Gaben unentdeckt in unseren Gemeinden schlummern, träume ich immer von der Gemeinde als einer

Spielwiese der Gaben. Entdeckung der Gaben und ihre Entwicklung. Gott hätte seine helle Freude daran, die Gemeinde ebenso und nicht zuletzt diejenigen, die sich auf diese Spielwiese einladen lassen. *(8. 7. 2000)*

KENNZEICHEN DER CHRISTLICHEN GEMEINDE

Dem amerikanischen Pfarrer Herbert Wright wurde von seiner Gemeinde in Yonderton gesagt: Die Gemeinde ist tot. Sonntags predigte der Pfarrer vor leeren Bänken. Dann gab er eine Zeitungsanzeige mit schwarzem Rand auf:

»Mit dem Ausdruck des tiefsten Bedauerns und mit der Zustimmung seiner Gemeinde meldet der Pfarrer den Tod seiner Gemeinde. Trauerfeier am Sonntag um 11.00 Uhr. Die Bewohner von Yonderton sind herzlich eingeladen, an diesem letzten Akt ihrer Dorfkirche teilzunehmen.«

Am Sonntag war die Kirche überfüllt. Gespannt sah alles auf den schlichten Eichensarg vor dem Altar. Der Pfarrer begann: »Sie halten die Gemeinde für tot. Ich bitte Sie um eine letzte Prüfung Ihrer Ansicht. Gehen Sie an dem Sarg vorbei und sehen Sie den Toten an. Dann verlassen Sie die Kirche durch das Ostportal.

Sollten Sie aber zur Einsicht kommen, die Gemeinde lasse sich noch einmal beleben, dann bitte ich Sie, wieder durch das Nordportal hereinzukommen.«

Der Pfarrer öffnete langsam den Sarg. Die Gottesdienstbesucher fragten sich: Was wird wohl in dem Sarg liegen? Und: Was ist eigentlich die Kirche, die Gemeinde? Woraus besteht sie?

Einer nach dem anderen trat vor den Sarg. Einer nach dem anderen verließ die Kirche durch das Ostportal. Einer nach dem anderen kehrte durch das Nordportal zurück. Denn alle sahen im Sarg nicht die tote Gemeinde, sondern nur eins ihrer toten Glieder – nämlich sich selbst im Spiegel.

Christliche Gemeinde sind wir! Wenn wir tot sind, ist die Gemeinde tot. Wenn wir lebendig sind, dann ist die Gemeinde lebendig.

Im Neuen Testament wird die christliche Gemeinde mit unterschiedlichen Bildern beschrieben. Sie wird z. B. mit einem Körper, der unterschiedliche Glieder hat, verglichen. Jedem Glied kommt eine wichtige Aufgabe zu. Keins darf fehlen. Keins ist überflüssig.

Die Glieder der Gemeinde sind miteinander verbunden und aufeinander angewiesen.

Oder: Christliche Gemeinde gleicht einem Haus mit vielen Räumen und Türen. Viele arbeiten mit, um das Haus zu gestalten. In den unterschiedlichen Räumen haben verschiedene Menschen ein Zuhause.

Glücklicherweise muss in der Gemeinde nicht einer oder eine alles tun und können. Christliche Gemeinde lebt vom Engagement vieler. Vielleicht sagen Sie, dass Sie dafür nicht die richtigen Gaben haben. Mancher hat Talente, Eigenschaften und Begabungen erst entdeckt, als er mit der Mitarbeit begann. Die Gaben sind bunt und vielfältig. Gott gibt reichlich.

Jeder und jede kann eigene Gaben entdecken, sich daran freuen und sie dann im Leben der Gemeinde einsetzen. *(27. 4. 1994)*

EINE BEWUNDERNSWERTE FRAU

Unsere erste Begegnung werde ich nicht vergessen. Sie war eine alte Frau. Ich besuchte sie, um ihr nachträglich zum 81. Geburtstag zu gratulieren. Sie saß am Küchentisch. Darauf lagen sorgfältig angeordnet Bonbons, Zuckerstückchen, Kaffee, Tee, Honig- und Marmeladengläser, Konservendosen, daneben eine alte Küchenwaage und schließlich eine Zigarrenkiste mit selbstgefertigtem Spielgeld. Ein abenteuerliches Sortiment.

Sie spielte »Kaufladen« mit den beiden Kindern ihrer Nachbarin. Deren Mutter war im Supermarkt, die Kinder im Kaufladen. Die Augen der Kinder strahlten, und die Augen der alten Dame funkelten vor Begeisterung.

Ihr Gesicht lässt mich nicht los. Das Leben hatte seine Spuren hinterlassen. Ein altes Gesicht, bedeckt von unzähligen Falten. Kein hübsches Gesicht, an landläufigen Maßstäben gemessen. Aber da war dieses Schmunzeln. Das ganze Gesicht ein einziges Schmunzeln. Der ganze Raum verbreitete den Eindruck gelassener Heiterkeit.

Wie wird man so?

Das Leben hatte ihr nichts geschenkt. Sie hatte jung geheiratet. Dann kam der Krieg. Sie verlor ihren Mann, schlug sich mit zwei kleinen Kindern durch, und als es so schien, als ob sich die Lebensumstände stabilisieren würden, erkrankte eines ihrer Kinder schwer. Finanziell war es ihr zeitlebens nicht besonders gut gegangen. Jetzt, im Alter, hatte sie bei ihren Kindern ihr Auskommen gefunden.

Worin lag das Geheimnis dieser gelassenen Heiterkeit?

»Das Schlimmste ist«, sagte sie, »wenn man den Sorgen nachhängt, jedem Zipperlein, jedem Streit, jeder Enttäuschung, wenn man das wie Kühe auf der Weide wiederkäut. Davon muss man wegkommen. Ich lese jeden Morgen einen Bibeltext und einen Liedvers aus dem Gesangbuch. Den singe ich dann.«

Und sie zitierte zwei Liedverse, die sie ihr Leben lang begleitet hatten: »In wie viel Not hat nicht der gnädige Gott über dir Flügel gebreitet« und »Mit Sorgen und mit Grämen und mit selbsteigner Pein lässt Gott sich gar nichts nehmen, es muss erbeten sein«.

Keine theoretische Predigt, die ich dort bekam, sondern die Glaubenserfahrung eines langen Lebens. Und die spiegelte sich auf ihrem Gesicht.

Vielleicht kennen Sie den Satz: »Von einem bestimmten Alter an ist man für sein Gesicht selbst verantwortlich.« »So ist das«, hätte die alte Frau wohl gesagt, wenn sie dieses Wort gekannt hätte.

»Mit Sorgen und mit Grämen und mit selbsteigner Pein lässt er sich gar nichts nehmen, es muss erbeten sein.«

Die kleine Küche wurde zur Kanzel, nicht nur für mich. Mit ihren Erfahrungen hielt die alte Frau nicht hinter dem Berg. Unaufdringlich, aber deutlich.

»Echt stark, die alte Dame«, meinte der junge Mann, der mit seiner Freundin im Untergeschoss wohnt. Und das ist aus dem Mund meines ehemaligen Konfirmanden das größte Kompliment, zu dem er fähig ist. Echt stark!

Glaubens- und Lebenserfahrungen lassen sich nicht kopieren. Und doch können wir überall Menschen begegnen, die ähnliche Erfahrungen gemacht haben. Gott sei Dank. Ihr Foto erscheint in keiner Zeitung. Sie machen keine Schlagzeilen. Aber sie können erzählen. Und haben dabei viel zu sagen. *(22. 7. 1996)*

EINFACH SO MITARBEITEN

Es war in Dresden. Wir hatten bei einem Jugendkongress Gottesdienst gefeiert. Etwa 3 000 Jugendliche waren in der Messehalle zusammengekommen. Begeisterung lag in der Luft. Die Lieder hatten die Besucher mitgerissen, die Pantomime am Schluss des Gottesdienstes hatte die Aussagen der Predigt noch einmal auf den Punkt gebracht. Unter den Gottesdienstbesuchern war mir ein Mann aufgefallen. Bereits eine Stunde vor Gottesdienstbeginn war er da und kümmerte sich um alle möglichen organisatorischen Dinge. Er räumte die leeren Cola-Dosen vom Vorabend weg, fegte den Eingangsbereich und begleitete eine Rollstuhlfahrerin zu einem guten Platz. Ganz selbstverständlich und freundlich tat er, was notwendig war. Was mochte ihn dazu bewegen? War er von der Messeleitung dafür angestellt? Ich wollte mehr von ihm wissen und sprach ihn an.

»Nein«, sagte er, »ich mache das alles freiwillig, einfach so. Aber«, so fügte er strahlend hinzu, »ich mache das richtig gern.«

Er kam aus Dresden, wohnte in einem nahen Wohnblock und war seit seinem 16. Lebensjahr als Arbeiter in einem Dresdner Industriebetrieb beschäftigt. Mit der Kirche hatte er lange Zeit nichts am Hut gehabt. »Bei meiner Taufe war ich das erste und letzte Mal in einer Kirche«, meinte er lachend, »konfirmiert wurde ich schon nicht mehr.«

Dann aber war etwas geschehen, was seinem Leben eine ganz neue Richtung gegeben hatte. Eines Tages war seine Frau sehr krank geworden, erzählte er mir, so krank, dass ihm die Pflege fast über die Kräfte ging. Seine Kinder wohnten weit weg, und die Freunde hatten sich zurückgezogen. Er wusste nicht mehr, wie das Leben weitergehen sollte. An einem Sonntagvormittag ging er – wie so oft – die Straße entlang, an der auch die Kirche lag. Er wollte etwas zu essen kaufen, Pommes frites mit Ketchup und Mayonnaise, wie immer, und etwas zu trinken. Als er an der Kirche vorbeiging, hörte er den Gesang der Gemeinde. »Das hat mich irgendwie angelockt«, sagte er, »ich bin einfach stehen geblieben und habe zugehört. Dann bin ich reingegangen, in die Kirche, einfach so. Und dann«, sagte er, »kam jemand auf mich zu, mitten im Gottesdienst. Der Mann fragte mich, wer ich bin und wie es mir geht. Er lud mich ein zu bleiben. Nach dem Gottesdienst habe ich ihm erzählt, was mit mir los ist. Ja, und dann haben sie mir geholfen, mit der Diakonie. Einfach so«, sagte er, »einfach so.«

Allmählich war es dann wieder aufwärts gegangen mit ihm und seiner Frau. Immer wieder besuchte er den Gottesdienst. Die fremden Lieder sind ihm ans Herz gewachsen und die Predigten haben sein Herz getroffen.

Seither arbeitet er gemeinsam mit seiner Frau in der Gemeinde mit. »Einfach so«, hätte er dann wohl gesagt.

Eine rührselige Geschichte, eine läppische Begebenheit? Mir geht dieses »einfach so« nicht aus dem Sinn. Eine Gemeinde, die »einfach so« das Not-Wendige tut, und ein Mensch, der sich dann »einfach so« mit seinen gewiss beschränkten Gaben und Fähigkeiten in den Dienst der Gemeinde stellt.

Liegt in diesem »einfach so« nicht die Pointe des Evangeliums? Gottes Liebe gewinnt doch in Jesus Christus für uns gratis und voraussetzungslos Gestalt. Und sie zielt auf dankbares Annehmen.

»Einfach so!« *(23. 7. 1996)*

BEGEGNUNG AUF DER MÜLLKIPPE IN MANILA

Ich mag Leute, die etwas wollen. Leute, die Ziele für ihr Leben haben und nicht bei den ersten Schwierigkeiten aufgeben. Leute, die Lust haben, Aufgaben und Herausforderungen anzupacken und nicht ständig über die schwierigen Verhältnisse lamentieren.

Von einer Frau will ich Ihnen erzählen. Ich lernte sie bei einem Besuch auf den Philippinen in Manila kennen. Sie ist Christin, stammt aus Kanada und lebt und arbeitet seit einigen Jahren auf der Müllkippe der Stadt

Manila. Schätzungsweise 25 000 Personen leben dort. Die Hälfte sind Kinder unter 14 Jahren.

Können Sie sich das vorstellen? Auf einer *Müllkippe* in Manila leben 25 000 Menschen, und sie leben von der Müllkippe.

Täglich wird auf dieser Müllkippe der Müll einer Millionenstadt abgeladen.

Bei meinem Besuch traf ich Kinder, die, wenn es ihnen etwas besser geht, Gummistiefel tragen und Kiepen auf dem Rücken haben. Sie durchsuchen den Müll nach brauchbaren Dingen, wie zum Beispiel Plastik, Glas und Dosen. Das verkaufen sie für ein wenig Geld, damit ihre Familien etwas zum Leben haben.

Auf der Müllkippe stinkt es ganz schrecklich. Seuchen und Krankheiten sind an der Tagesordnung. Die Müllkippe ist eine Brutstätte der Gewalt.

Mitten in diesem Elend lebt jene kanadische Christin. Sie kümmert sich um verwahrloste Kinder.

Sie zeigte mir ein Mädchen – es mochte 10 Jahre alt sein –, das eines Tages mit dem Müll angeliefert worden war. Die Kanadierin hatte sie eher zufällig aus dem Müll gefischt, hatte sie über Wochen gesund gepflegt und ihr dann etwas Lesen, Schreiben und Rechnen beigebracht. Das würde reichen, um einmal auf eigenen Füßen stehen zu können.

Mir schossen viele Fragen durch den Kopf. Was nützt eigentlich der Einsatz dieser engagierten Frau? Verpufft er nicht ins Leere? Ist er nicht nur ein Tropfen auf den heißen Stein?

Natürlich weiß auch sie, dass sie sich nicht um alle Kinder hier auf der Müllkippe kümmern kann. Das würde sie restlos überfordern. Dazu reichen ihre Kräfte nicht. Aber sie hat Grundsätze für ihr Leben. Der eine heißt: Jeder Mensch ist ein geliebtes Geschöpf Gottes. Das macht seinen Wert aus. Unter allen Umständen. In allen Verhältnissen. Darum soll keiner verloren gehen. Der andere heißt: *Mein* Tropfen auf den heißen Stein kann der Anfang eines Regens sein. Eine bewundernswerte Frau auf den Spuren von Jesus Christus, der einmal gesagt hat: »Was ihr für einen meiner geringsten Brüder oder für eine meiner geringsten Schwestern getan habt, das habt ihr für mich getan.«

(1. 6. 2001)

GLAUBEN IM ALLTAG LEBEN

EIN UNBEANTWORTETER BRIEF

Sie mochte etwa 40 Jahre alt sein. Wir kamen bei einer Zugfahrt miteinander ins Gespräch. Sie hatte bemerkt, dass ich ein theologisches Buch las. »Komisch«, meinte sie, »seit einiger Zeit muss ich öfter an die Kirche denken.« Das Wundern über sich selbst war ihr deutlich abzuspüren. Begonnen hatte alles mit dem Umzug in eine andere Stadt. Kurz nach ihrem Umzug bekam sie von der Kirchengemeinde einen Brief. »Sicher haben Sie Ihre neue Umgebung schon erkundet. Vielleicht haben Sie bereits erste Kontakte zu Nachbarn geknüpft. Auch wir von Ihrer evangelischen Kirchengemeinde heißen Sie herzlich willkommen. Wir hoffen, dass Sie sich hier bald heimisch fühlen. In den nächsten Tagen wird Sie eine Mitarbeiterin besuchen und Ihnen einige Informationen über die Kirchengemeinde vorbeibringen.« Die Mitarbeiterin kam und brachte neben einem Informationsheft noch eine Blume mit. Alle zwei Monate finde sie seitdem in ihrem Briefkasten einen Brief von der Gemeinde, erzählte mir meine Gesprächspartnerin. Manche Artikel habe sie überblättert, aber der Bericht von der Jugendfreizeit in England war haften geblieben. Eine Teilnehmerin hatte darin von den Erfahrungen auf der Freizeit berichtet. Die Gemeinschaft hatte ihr gefallen und die Gespräche mit den anderen. Überhaupt das vielfältige Programm – und besonders natürlich die Fahrt mit den Hausbooten über die Themse. »Nach meiner Konfirmation war ich auch in einer Jugendgruppe«, sagte sie. »Damals haben wir miteinander über unseren Glauben nachgedacht. Wir haben Gottesdienste für junge Leute gestaltet und Freizeiten durchgeführt.« Die Gemeinschaft mit den anderen Jugendlichen war gut gewesen. Sie hatte Freunde in der Gemeinde gefunden. Dann kam das Abitur. Die Gruppe löste sich auf. Jeder ging an einen anderen Studienort. Irgendwie hatten sie die Fragen des Glaubens in allen Jahren nie ganz losgelassen. Aber ihr Beruf ließ ihr wenig Zeit. Zunächst musste sie den Berufseinstieg schaffen und sich später in der Firma behaupten. Dazu waren Fortbildungen nötig. »Es blieb keine Zeit für die Gemeinde. Und«, so fügte meine Gesprächspartnerin nachdenklich hinzu, »vielleicht wollte ich auch gar nicht mehr über den Glauben nachdenken. Es war irgendwie vorbei.« Jetzt hat sich das Leben eingespielt. Es läuft alles ganz gut. »Aber da wären heute schon Fragen, über die ich gern einmal mit anderen reden würde. Ich habe so das Gefühl, als ob da noch ein unbeantworteter Brief bei mir liegt.«

Es war ein offenes Gespräch. Wir sprachen von Gott, von Jesus, über den Gottesdienst und wie man wieder Anschluss an den Glauben und an die Gemeinde bekommen kann. Mir hat das Bild vom unbeantworteten

Brief gut gefallen. Viele erinnern sich nur ganz schwach daran, dass sie einmal getauft und konfirmiert wurden. Ich denke bis heute an jenen Pfarrer, der den Konfirmanden sagte: »Bei der Taufe und bei der Konfirmation hat Gott seine Hand auf euer Leben gelegt.« Gut, dass man manche Worte nicht so schnell vergisst. Manche Worte warten auf eine Antwort.

Auf den ersten Seiten der Bibel steht ein Satz, für den das besonders gilt. Er steht in der Geschichte von Adam und Eva. Es wird erzählt, dass Gott seine Menschen sucht. Sie haben sich vor ihm versteckt. »Adam, wo bist du?« »Mensch, wo bist du?«

Leben heißt Antwort geben. Der Ruf Gottes und die Antwort des Menschen gehören zusammen. Diese Antwort kann in unterschiedlichen Lebensphasen verschieden aussehen. Aber die Antwort bleibt gefragt. Liegt bei Ihnen vielleicht auch so ein unbeantworteter Brief? *(24. 7. 1996)*

WIDERSTAND LEISTEN ODER AUFGEBEN

»Rabbi Schlomo reiste einmal mit einem seiner Schüler. Unterwegs verweilten sie in einem Wirtshaus, setzten sich an einen Tisch, und der Rabbi ließ Met wärmen. Er trank nämlich sehr gern warmen Honigwein. Unterdessen trafen einige Soldaten ein. Als sie Juden am Tisch sitzen sahen, schrien sie: ›Steht sofort auf!‹ ›Ist der Met schon gewärmt worden?‹, fragte der Rabbi zum Ausschank hinüber. Ergrimmt hauten die Soldaten auf den Tisch und brüllten: ›Fort mit euch oder ...!‹ ›Ist der Honigwein noch nicht warm?‹, sagte der Rabbi. Der Anführer der Soldaten zog ein Schwert aus der Scheide und legte es Rabbi Schlomo an den Hals. ›Allzu heiß darf er nämlich nicht werden‹, sagte Rabbi Schlomo. Da zogen die Soldaten ab.«

Die Geschichte irritiert und fasziniert mich zugleich. Selbst in Lebensgefahr scheint sich Rabbi Schlomo mehr um seinen warmen Met als um die Rettung seines Lebens zu kümmern. Das Schwert am Hals hält ihn nicht davon ab, das zu tun, was er gerade tun will. Rabbi Schlomo bleibt sich treu. Er bleibt er selbst. Verweigert das Spiel, lässt sich nicht die Regeln von Zwang und Gehorsam aufdrängen, unterläuft den Teufelskreis der Gewalt – und gewinnt.

Widerstand leisten oder aufgeben? Wer zu schnell aufhört, Widerstand zu leisten, verliert sein Profil. Wer sich ständig auf Dinge einlässt, die er eigentlich nicht will, wird zum gesichtslosen Mitläufer, zur Marionette.

Er tanzt nach der Meinung anderer. Aber in jeder Lebenslage handeln wie Rabbi Schlomo – ohne Rücksicht auf mögliche Verluste? Es muss ja nicht immer um das Leben gehen.

Doch was bei Rabbi Schlomo gerade noch einmal gut gegangen ist, kann leicht zur eigensinnigen Sturheit ausarten. Wer nicht die Fähigkeit hat, für das, was andere von ihm erwarten, sensibel zu sein, wird zum egoistischen Dickkopf, zum Außenseiter. Mit *solchen* Menschen fällt das Zusammenleben schwer. Man geht ihnen am besten aus dem Weg.

Zur Lebenskunst gehört es, den eigenen Weg zu finden, die eigene Rolle zu übernehmen. Und das ist oft ein Balanceakt. Manchmal muss ich ein Rollenangebot ablehnen, muss nein sagen zu dem Spiel, in das ich verstrickt werden soll. Ein anderes Mal muss ich berechtigte Erwartungen akzeptieren, muss Aufgaben erfüllen, die der Platz erfordert, an dem ich stehe. Eine Mutter etwa, die von der ganzen Familie in die Rolle des allzeit bereiten Dienstmädchens geschoben wird, darf sich zu Recht dieser Rolle verweigern. Andererseits trägt sie als Mutter eine Verantwortung für ihre Kinder. Sie kann sich nicht einfach entziehen.

Wie finde ich meine Rolle? Wer ich bin, erfahre ich nur im Umgang mit anderen. Niemand findet zu sich selbst allein. Mein Leben und meine Person sind wechselseitig verwoben mit anderen Personen. Der Religionsphilosoph Martin Buber hat es auf die Formel gebracht: »Am Du wird der Mensch zum Ich.«

Zum Gegenüber, von dem wir unsere Identität gewinnen, gehört für Christen auch Gott. Jener Rabbi Schlomo war als ein großer Beter berühmt, als ein Mann, der so mit Gott lebte, dass seinen Mitmenschen sein ganzes Leben wie ein Gebet erschien.

Die Begegnung mit Gott, das Leben mit ihm, verändert einen Menschen, stiftet eine neue, ungewöhnliche Identität, die nicht ins Wanken geraten kann, weil sie in Gott selbst ihre Wurzeln hat.

Wer glaubt, kann seinen eigenen Weg gehen, darf es wagen, sein wahres Gesicht zu zeigen. Er wird frei von Menschenfurcht und Zukunftsangst.

(21. 3. 1997)

FASTEN

Das Wort »fasten« hat in den letzten Jahren neue Aktualität gewonnen. Früher wurde man nur von der Kirche zum Fasten aufgefordert. Heute ist Fasten zu einem Schlüsselwort der Mediziner und Ernährungswissenschaftler geworden. Jedes Ärzteblatt, jede Krankenkassenzeitschrift spricht von der Notwendigkeit des Fastens und der gebremsten Ernährung. Die Personenwaage im Bad ist das Kontrollinstrument für modernes Fasten. Es gibt Menschen, die aus dem Fasten einen richtigen Kult entwickelt haben und die man nur noch mit Kalorientabellen und Gewichtskurven hantieren sieht. »Wenn bei uns ein Schrei durch die Wohnung geht«, sagt ein 14-Jähriger, »dann braucht sich keiner zu erschrecken. Mama steht auf der Waage.«

Und er bemerkt über seine Mutter: »Sie kann doch nicht erwarten, dass sie bis ins hohe Alter aussieht wie ein Topmodel. Sie ist doch schon 38.« Fasten!

Im Kirchenjahr gibt es zwei Fastenzeiten – einmal die Adventszeit als Vorbereitungszeit auf Weihnachten und dann die Passionszeit, die mit dem Aschermittwoch beginnt. Viele christliche Gemeinden nutzen diese Wochen vor Ostern für die Aktion »Sieben Wochen ohne«. Als sie vor Jahren ins Leben gerufen wurde, ging es nicht in erster Linie ums Körpergewicht und um die vielen Krankheiten, die durch die Überbelastung der Organe entstehen können. Sicher: Die Verantwortung gegenüber unserem Schöpfer, der uns Leib und Leben gegeben hat, müsste uns davor bewahren, mit Messer und Gabel Selbstmord zu begehen. Die Aktion »Sieben Wochen ohne« wollte schon damals und will bis heute herausfordern, das Verzichten und Loslassen bewusst zu praktizieren. Fasten ist das fröhliche Verzichten auf Dinge, die wir uns eigentlich leisten können. Nicht um Eindruck zu machen, nicht um beachtet, bemitleidet oder bedauert zu werden, sondern um Zeichen innerer Freiheit zu setzen.

Durch die reißerischen Sprüche im Werbefernsehen und die verlockenden Angebote in den Schaufenstern verlieren wir die Maßstäbe für das, was notwendig ist und was nicht.

Es ist schon wichtig, gelegentlich zu testen, ob ich noch über oder schon unter den Dingen stehe, ob ich noch frei bin oder schon an Gewohnheiten gefesselt, ob ich mein Leben beherrsche oder ob mein Leben mich beherrscht. Wie könnte ich das besser als durch gezielten Verzicht auf das, was mich am meisten beschäftigt und lockt, was reizt und die Gedanken ausfüllt. Es ist der Test meiner Freiheit, dass ich mir einige Wochen im Jahr eine Zeit des Verzichts auferlege.

Sieben Wochen ohne. Manche gestalten diese Wochen als Passionszeit ohne Alkohol, andere verzichten bewusst aufs Rauchen, auf den Kaffee, auf die Süßigkeiten oder das Fernsehen. An *einer* Stelle wird der Test gemacht, ob man noch »nein danke« sagen kann. Schön ist es, wenn sich mehrere Menschen verabreden, bei der Aktion »Sieben Wochen ohne« mitzumachen. Der Austausch über die eigenen Erfahrungen hilft beim Durchhalten.

Sieben Wochen ohne – diese Aktion ist auch um anderer Menschen willen wichtig. »Brich dem Hungrigen dein Brot, und die im Elend ohne Obdach sind, führe ins Haus! Wenn du einen nackt siehst, so kleide ihn und entzieh dich nicht deinem Fleisch und Blut!« (Jesaja 58,7; Luther)

Diese Aufforderung aus der Bibel wirft Fragen auf. Wie können wir uns um andere kümmern, solange wir nicht zum Verzicht bereit sind? Verzichten auf ein Stück Freizeit, um Zeit für andere zu haben. Verzichten auf eigene Bequemlichkeit, um Kraft zu haben für andere. Verzichten auf eine Mahlzeit in der Woche oder auf einen Teil des Einkommens, um mit anderen zu teilen. Sieben Wochen ohne. Das soll nicht mürrisch oder gezwungen praktiziert werden, sondern als Bewährung der Freiheit. Es gibt keine Freiheit ohne Verzicht!

(3. 3. 1999)

WISSEN SIE SCHON DAS NEUESTE?

»Wissen Sie schon das Neueste?« – so beginnt manches Telefongespräch, ein zufälliges Treffen beim Einkauf oder der montägliche Tratsch im Büro. Nach dieser Einleitung kann man sicher sein: Alle Ohren werden erwartungsvoll gespitzt. Um die hochgeschraubten Erwartungen zu erfüllen, wird die Geschichte schnell noch mit eigenen Vermutungen angereichert. Schon hat man eine tolle Story wie im besten Boulevardblatt präsentiert.

Nur: Keiner kann mehr zwischen der ursprünglichen Tatsache und der persönlichen Ansicht unterscheiden. Ein Bericht ist zum Gerücht geworden.

Viele Menschen halten es außerdem für besonders wirkungsvoll, ihre Kritik an Menschen und ihren Ansichten mit ironischen Elementen zu unterstreichen. Damit setzen sie mehr als nur einen darstellerischen Akzent. Wir verfälschen das Gesamtbild einer Person, wenn wir gezielt übertreiben oder einseitig bestimmte Wesenszüge hervorheben. So verhindern wir eine ausgewogene Meinungsbildung. Menschen werden etikettiert, die danach ihren Ruf kaum mehr loswerden. Denn »Verleumdungen verschlingt man wie Leckerbissen und behält sie für immer im Gedächtnis«. So kann man es schon in der Bibel nachlesen.

Ich bin mir sicher: Sie werden noch heute wissen, welcher Ihrer Mitschüler am meisten gehänselt wurde.

Wenn wir so miteinander umgehen, wirkt das wie ein schleichendes Gift auf unseren Umgangston und auf unser Urteilsvermögen. Fällt man in der Familie oder im Kollegenteam nicht gleich auf, wenn man über solche Menschen Gutes redet? Schwebt nicht sofort der Vorwurf im Raum, man sei parteiisch?

Es erfordert viel Selbstbewusstsein und Mut, gegen den Strom zu schwimmen. Eine geschickte Wortwahl ermöglicht kaum merkbare Verschleierungen und Maskeraden. Da wird aus einem Steuerbetrug eine pfiffig gemachte Abrechnung, aus einem Verlust der Firma ein Ausgabenüberschuss oder aus einem Ehebruch ein Seitensprung oder gar nur ein amouröses Abenteuer. Mit ein wenig verbaler Akrobatik werden klare Aussagen vernebelt.

»Du sollst nicht falsch Zeugnis reden wider deinen Nächsten«, heißt es in einem biblischen Gebot. Ist das nicht unrealistisch? Wie soll ich vor jedem Reden überprüfen, ob ich umfassend informiert bin? Kann ich immer eine sichere Abgrenzung zwischen Akzentuierung oder Übertreibung ziehen? Ist also nicht jeder, der behauptet, das Gebot zu erfüllen, ein Lügner? Gott stellt diese Frage nicht. Seine Formulierung »Du sollst!« appelliert an unseren Willen.

Unsere Erkenntnis soll sich unabhängig von Sympathie und Antipathie entwickeln. Denn erst durch den Willen zu einer falschen Aussage unterscheidet sich die bewusste Lüge von einem Irrtum. Vom jüdischen König Salomo, dessen ausgewogene und weise Richtersprüche als salomonische Urteile in die Geschichte eingingen, ist folgender Ratschlag bekannt (Sprüche 4,23-27; Gute Nachricht Bibel): »Mehr als alles andere achte auf deine Gedanken, denn sie bestimmen dein Leben. Lass deinen Mund keine Unwahrheiten aussprechen; keine Verleumdung oder Täuschung soll über deine Lippen kommen. Sorge dafür, dass du jedem frei und offen ins Auge blicken kannst! Überlege genau, was du tun willst, und dann tue es entschlossen! Lass dich von der richtigen Entscheidung nicht abbringen, damit deine Füße nicht auf Abwege geraten!«

(4. 3. 1999)

DIE CHANCE, NEU ANZUFANGEN

»Haben Sie schon gehört? Halten Sie das für möglich? Nein so was. Das hätte ich nie gedacht. Wie konnte es nur so weit kommen? Aber so musste es ja wohl kommen. Ihr habe ich ja nie über den Weg getraut. Und dann erst dieser Mann. Wie konnte sie nur an den geraten?«

Alltäglicher Tratsch im Treppenhaus. Die Regenbogenpresse berichtet über Prinzessin X und Playboy Y. Wir reden über den Nachbarn A und Frau B. Sieht man nicht irgendwie besser aus, wenn man über andere reden kann? Es war wohl schon immer so.

Die Bibel erzählt von einer Frau, die zum Gegenstand allgemeinen Geredes geworden ist. Alle zeigen mit dem Finger auf sie, wissen genau, was richtig, was falsch ist. Das Urteil ist schnell gefällt. Schuldig, die Ehebrecherin. Wer es mit einem anderen als dem eigenen Mann getrieben hat, gehört gesteinigt. Punktum. Für die Frau sieht es nicht gut aus. Keinen interessiert ihre Geschichte, niemand fragt nach ihrer Person oder nach ihren Gründen, aber alle mischen sich ein. Dann zerren sie diese Frau zu Jesus – soll er doch mal sagen, was er davon hält. Es bildet sich ein Kreis um Jesus und die Frau. Alles drängt sich. Es wird still – Spannung liegt in der Luft. Gierige, verachtende Blicke, aufgewühlte Herzen, geballte Fäuste mit Steinen.

»Na, Jesus, was hältst du davon? Das ist doch wirklich schlimm, was sie gemacht hat, oder? Hör dir das mal an, wir können dir das in allen Einzelheiten erzählen. Und wir kennen die Gesetze ganz genau. So was kann man doch nicht ungestraft lassen. Sag schon!«

Doch Jesus sagt gar nichts. Er sitzt nur da. Die Meute lässt nicht locker. Sie bohrt weiter und will es wissen. Endlich spricht Jesus. Er sagt: »Doch, steinigt sie. Aber den ersten Stein soll der werfen, der selbst ohne Schuld ist.« Schweigen. Langsam sinken die Fäuste mit den Steinen, und einer nach dem anderen geht weg. Jesus ist mit der Frau allein. Und erst jetzt, wo alle Ankläger verschwunden sind, spricht Jesus mit ihr. Unter vier Augen. Jesus weiß, dass ihre Geschichte in das Intimste reicht, was zu einem Menschen gehört. Er weiß um die Verletzlichkeit der Menschen an dieser Stelle. Wo schonungslos aufgedeckt wird, können alle hineinsehen und draufschlagen. Jeglicher Schutz fehlt. Darum sucht Jesus die persönliche Begegnung unter vier Augen. Solche Gespräche gehen keinen anderen Menschen etwas an.

Jesus spricht mit der Frau über ihre Vergangenheit. Er sieht ihre Angst, ihre Verletzungen. Er zeigt weder mit dem Finger auf sie, noch macht er offene oder versteckte Vorwürfe. Es gibt keine Moralpredigt. Jesus verurteilt sie nicht, sondern vergibt ihre Schuld. Die Frau kann aufatmen. Sie bekommt die Chance, neu anzufangen. Und sie spürt: Jesus geht es darum, dass ihr Leben in Ordnung kommt, dass es gelingt. Die Begegnung endet mit einem Zuspruch: Dir ist vergeben, was dir Leid tut. Du sollst leben. Du kannst und darfst weiterleben!

Dem Zuspruch folgt jedoch der Anspruch: Geh, aber ändere dein Leben!

Haben Sie das schon einmal gehört? Halten Sie das für möglich? Einem Menschen wurde vergeben. Ein Neuanfang geschenkt. Ein Mensch ist von der schiefen Bahn auf den richtigen Weg gekommen.

Was wäre das für ein Gespräch im Treppenhaus und eine Meldung in der Zeitung! *(28. 5. 2001)*

ENTSCHULDIGUNG BITTE

Ein dumpfer Schlag, Klirren von zerbrochenem Glas – ein verzweifelter Aufschrei. Ich eile ins Wohnzimmer. Die wunderschöne Vase liegt zerbrochen am Boden. Mein Patenkind steht erschrocken mit seinem Ball vor den Scherben. »Mit Duplosteinen und Bällen darfst du überall werfen, nur nicht hier«, hatte ich hundertmal gesagt. Und nun dies?

Erst wollte ich vor Ärger platzen, doch dann zerplatzte meine Wut wie eine Seifenblase.

»Es tut mir Leid, das hatte ich nicht gewollt! Entschuldige bitte!« Ich spürte, dass es mein Patenkind ehrlich meinte, und das war mir letztlich viel wichtiger als die Scherben einer schönen Vase.

Gottlob – gegenüber den meisten anderen Brüchen sind Glasscherben harmlos. Wir sprechen von zerbrochenen Beziehungen, abgebrochenen Freundschaften, gebrochenen Herzen. Das ist leider kein Wortspiel, sondern bittere Realität.

Ein »Sorry« und »Pardon« kommen noch leicht über die Lippen, wenn man beispielsweise jemand im Gedränge im Bus auf die Füße tritt. Aber was ist, wenn es sich um mehr handelt als um einen kleinen Ausrutscher mit dem Pfennigabsatz?

»Entschuldige bitte!« Diese zwei Worte können unendlich schwer fallen. Nötig haben sie jedoch beide Seiten – die, die Schuld tragen, und die, die Schuld erleiden mussten.

Warum fällt der Gang zum anderen so schwer? Warum steckt das Wort, das gesprochen werden müsste, oft wie ein Kloß im Hals? Warum gibt es tausend Entschuldigungsgründe? Warum wird Schuld nicht zugegeben?

Natürlich gibt es Leichteres: den anderen die Schuld in die Schuhe zu schieben. Sündenböcke sind stets die anderen. Da sagt der Mann zu seiner Frau: »Dein emanzipatorisches Gehabe passt mir nicht!« Und die Frau lässt ihren Mann wissen: »Dein autoritäres Verhalten hält keiner aus!« Und beide fallen dann über die Undankbarkeit der Kinder her.

Ein familiärer Beziehungs-K.O. wie aus dem Lehrbuch – täglich neu geprobt. Mit dem Finger stets auf die anderen zu zeigen, die doch den ersten Schritt tun müssten, bringt aber nichts. So kommt kein Tauwetter in die Eiszeit der Herzen.

Im Vaterunser beten wir: »Vergib uns unsere Schuld, wie auch wir vergeben unseren Schuldigern.« Eine äußerst praktische Bitte. Eine Bitte mit spürbaren Auswirkungen. Vergebung will getan werden. Nicht nur gedacht und gefühlt: »Eigentlich müsste man doch ...« Der erste Schritt muss gewagt werden, ernsthaft und ehrlich. Vergebung ist mehr als nur so vergessen und gleichgültig über Vergangenes hinwegsehen, mehr als einfach »Schwamm drüber«. In der Vergebung siegt die Liebe über das Böse, den Hass und die Vergeltung. Der unselige Kreislauf des »Wie du mir, so ich dir« wird unterbrochen.

Ein Liedtext von Jürgen Werth drückt das so aus:

»Wie ein Fest nach langer Trauer, wie ein Feuer in der Nacht, ein offnes Tor in einer Mauer, für die Sonne aufgemacht. Wie ein Brief nach langem Schweigen, wie ein unverhoffter Gruß, wie ein Blatt an toten Zweigen, ein ›Ich-mag-dich-trotzdem-Kuss‹. So ist Versöhnung. So muss der wahre Friede sein. So ist Versöhnung. So ist Vergeben und Verzeihn.« *(6. 3. 1999)*

DER STREITSTEIN

»Jetzt reichts aber! Du hast doch die Tasche auf das Autodach gelegt!«

»Und wer ist ohne zu schauen losgefahren?«

»War das vielleicht meine Tasche?«

»Unsere Schlüssel muss immer ich in meiner Tasche mitnehmen. Du kümmerst dich ja um nichts. Nur das Auto hast du im Kopf. Nicht mal fahren lässt du mich!«

Gegenseitige Vorwürfe fliegen wie Pfeile durch die Luft. Oder wie schwere Steine. Je nachdem. Die Sache eskaliert. Der Stein des Anstoßes aber gerät mehr und mehr aus dem Blick. Wer kennt solche Szenen nicht? Die Anlässe sind verschieden. Die Streitrituale ähneln sich. Schuldzuweisungen und gegenseitige Verurteilungen. Der Fehler wird zuerst beim anderen gesucht. Der Finger wird ausgestreckt: Du hast Schuld. Der andere wird auf seine natürlich altbekannten Verhaltensmuster und Persönlichkeitszüge reduziert. Die Schablone »nie ich – immer du« lässt dem Gegenüber keine Chance. Der andere ist erledigt. Die Möglichkeit der Versöhnung auch.

Dass ein Streit nicht immer aussichtslos und verletzend verlaufen muss, habe ich vor einiger Zeit erlebt. Ich besuchte eine Familie. Wir gerieten ins Erzählen und kamen auf die Kunst des Streitens. Natürlich gerieten sich die Kinder gelegentlich in die Haare. Die Eheleute auch. Alles wie überall. Eins aber war anders. Sie wussten: Am Ende muss die Versöhnung stehen.

Das hatten sie sozusagen in Stein gehauen. Auf dem Fensterbrett in der Küche lag ein Stein. Sie hatten ihn aus dem Urlaub an der See mitgebracht. Schön rund war er. Leicht war er nicht. »Unser Streitstein«, lachten die Eheleute. Den Begriff kannte ich nicht. »Nehmen Sie ihn in die Hand und drehen Sie ihn um«, forderten sie mich auf. »Das hat bei uns schon oft zur Versöhnung beigetragen.« Mit dickem schwarzen Filzstift geschrieben stand auf der Unterseite des Steins ein Satz aus der Bibel: »Wer von euch ohne Sünde ist, werfe als Erster einen Stein auf sie.«

Es ist ein Satz von Jesus. Die Szene, in der er fällt, ist dramatisch. Leute, die über das Recht wachen, haben eine Frau beim Ehebruch ertappt. Die Sach- und Rechtslage ist eindeutig. Die Strafe nach damaligem Recht grausam und eindeutig: Tod durch Steinigung.

»Nicht wahr, Jesus«, sagen die Leute, »das ist doch ein klarer Fall. Machen wir kurzen Prozess!«

Und Jesus? Er antwortet ganz anders als erwartet und völlig überraschend: »Wer von euch ohne Sünde ist, werfe als Erster einen Stein auf sie.«

Die Ankläger werden mit sich selbst konfrontiert, mit ihrem eigenen Versagen, ihrer eigenen Schuld. Verblüfft lassen sie sich das Wort gefallen. Dann lassen sie den Stein fallen und gehen. Wie schnell heben wir unsere Steine auf: Vorurteile, Vorwürfe, Hassgedanken – und werfen sie dann auch. Wir sind im Recht. »Denkst du«, sagt Jesus.

»Das ist unser Streitstein«, sagten die Eheleute, »vor

dem Werfen zuerst umdrehen. Das gibt die Chance zur
Versöhnung.« *(8. 8. 2002)*

GANZ OHR SEIN

Eine kleine Szene in der U-Bahn. Zwei Jungen, vielleicht dreizehn Jahre alt, sitzen nebeneinander. Jeder hat den Walkman in der Tasche. Jeder hat die Stöpsel im Ohr. Beide bewegen sich im Rhythmus der Musik. Die Bässe dröhnen. Ich höre ohne Walkman mit. Das ganze Abteil hört mit. Da will der eine dem anderen etwas sagen. Der aber versteht nichts. Wie sollte er auch? Da zieht der eine Junge erst seine, dann die Stöpsel des anderen aus den Ohren. Der schaut verdutzt drein. Und dann klappt plötzlich die Unterhaltung.

Eben noch mit sich selbst beschäftigt – und dann mitten im Gespräch. Die Umschaltung hat geklappt. Durch Ausschalten.

Eine kleine Szene in der U-Bahn. Nur eine kleine Szene in der U-Bahn? Oder nicht auch ein allgemeiner Hinweis auf unsere Verständnisschwierigkeiten untereinander? Kein Anschluss unter dieser Nummer. Anschluss besetzt. Knopf im Ohr!

Wer pausenlos etwas zu hören bekommt, überhört

Entscheidendes. Ehe wir hören, wirklich zuhören können, muss es still um uns und in uns sein. Mag sein, dass wir mehrere Geräusche gleichzeitig wahrnehmen können. Wirklich zuhören, zuwenden können wir uns immer nur einer Stimme. Nur da bin ich ganz Ohr. Menschen, die ganz Ohr sein können, sind eine Wohltat.

Martin Luther hat einmal gesagt: »Der Mensch hat zwei Ohren und nur einen Mund. Folglich soll er doppelt so viel hören als reden.«

Leicht gesagt. Aufeinander einreden ist einfacher, als miteinander zu reden. Das verlangt zuhören. Wir möchten aber so gerne selbst zu Wort kommen. Und so schmieden wir, während der andere spricht, oft schon an der Erwiderung, dem Einwand, dem guten Ratschlag.

Auch wenn der überhaupt nicht gefragt ist. Wie oft erlebe ich es, dass Menschen erzählen, erzählen, erzählen und dann schlussendlich sagen: Danke, dass Sie mir zugehört haben!

Sie wollten gar keinen Rat. Sie suchten jemand, der zuhört, ihnen das Ohr leiht, Anteil an dem nimmt, was sie bewegt.

»Der Mensch hat zwei Ohren und nur einen Mund. Folglich soll er doppelt so viel hören als reden.«

(29. 5. 2001)

WÜNSCHE UND SEHNSÜCHTE

MIT UNERFÜLLTEN WÜNSCHEN LEBEN

Ein Märchen erzählt von einem alten Ehepaar. Ehrliche Leute und in Frieden miteinander alt geworden. Eines Tages besucht sie eine gute Fee. Drei Wünsche bekommen sie frei. War das eine Freude für die beiden alten Leute!

»Jetzt möchte ich erst mal eine dicke Bratwurst haben!«, ruft der Mann. Im gleichen Augenblick liegt auch schon eine Bratwurst auf dem Tisch.

»Du lieber Himmel«, denkt die Frau, »schon ein Wunsch vergeben.« Zornig ruft sie: »Was verschwendest du die Wünsche? Die Bratwurst sollte dir an der Nase kleben!«

Und auf der Stelle hängt die Bratwurst an der Nase. Kein Mittel bringt sie wieder weg.

Sie ahnen, wie die Geschichte ausgeht? Der dritte Wunsch ist bitter nötig, dass die Bratwurst wieder von der Nase verschwindet.

Drei Wünsche, sinnlos vergeben!

Wir Menschen haben Wünsche und Hoffnungen. Da sind Wünsche für andere. Gute Wünsche für Menschen, die wir kennen und lieben.

»Ich wünsche dir einen schönen Tag!«

»Ich wünsche dir, dass du diese Prüfung gut bestehst!«

»Ich wünsche dir, dass du bald wieder gesund wirst!«

»Ich wünsche dir einen erholsamen Urlaub!«

Und dann die unzähligen persönlichen Wünsche. Manche können wir uns durchaus selbst erfüllen. Wir müssen uns nur Zeit nehmen, uns einsetzen, arbeiten, sparen. Irgendwann ist es dann so weit. Das gesteckte Ziel ist erreicht. Man kann sich den Wunsch erfüllen.

Je aktiver der Einsatz vorher war, desto größer ist die Freude, wenn es endlich so weit ist. Manchmal sagen wir dann: »Ich bin wunschlos glücklich!«

Dann sind da die anderen Wünsche. Ein Leben lang hängen wir ihnen nach und wissen doch: sie bleiben Träume, fernab der Realität. Unerfüllbar! Zu schön, um wahr zu werden!

Aller persönlicher Einsatz ist vergeblich. Man muss sich damit abfinden. Ja dazu sagen, wenn man nicht verbittert werden will. Wer nur mit hängender Zunge seinen Wünschen hinterher läuft, vergisst, in der Gegenwart zu leben. *Die* wird ihn allerdings schnell einholen!

Leben mit unerfüllten Wünschen – ein altes Thema. Zu allen Zeiten haben Menschen darüber nachgedacht, wie ein erfülltes Leben trotz unerfüllter Wünsche aussehen könnte.

Auch der weise König Salomo dachte vor dreitausend Jahren darüber nach. Er hätte eigentlich wunschlos glücklich sein können. Bei seinem Reichtum. Er konnte sich schließlich alles leisten. Aber König Salomo war weise. Er wusste, dass es im Leben mehr gibt. In einem Buch der Bibel (vgl. Sprüche 16,16) lesen wir: »Wohl dem Menschen, der Weisheit erlangt und Einsicht gewinnt! Denn es ist besser, Weisheit zu erwerben als Silber, und ihr Ertrag ist besser als Gold. Weisheit ist edler als Perlen, und alles, was du wünschen magst, ist ihr nicht zu vergleichen.«

Was ist Weisheit, die der König Salomo meint?

Er empfiehlt, nicht wie gebannt auf die eigenen Wünsche und Pläne zu starren und sich von ihnen gefangen nehmen zu lassen.

Er rät, von sich selbst wegzusehen und etwas anderes in den Blick zu nehmen: Gott und den Mitmenschen.

(26. 4. 1994)

ICH WILL MICH JA NICHT LOBEN, ABER ICH FINDE MICH ZUM KÜSSEN

Vor kurzem sagte jemand: »Ich will mich ja nicht loben, aber ich finde mich zum Küssen!«

Er glich so einem »Ich-kam-sah-und-siegte-Typ«, der schnell im Mittelpunkt des Interesses steht. Er hatte die Lacher auf seiner Seite und wusste, wie er an seine täglichen Streicheleinheiten kommt. Bei vielen steht er ganz gut im Kurs. Sein Selbstwertgefühl ist ungebrochen. Er hat eine positive Grundhaltung zu sich selbst.

Können Sie sich auch so über sich selbst freuen? Und nicht nur über sich selbst, sondern auch über andere?

Freude über sich selbst und Freude über andere sind nicht selbstverständlich. Mancher, der freundlich angelacht wird, hat das Gefühl, er würde ausgelacht. Von wegen Selbstwertgefühl!

Da mischen sich ganz andere Gefühle dazwischen. Gefühle von Selbstzweifel und Selbstmitleid, ausgedrückt z. B. durch das kleine Wort *wenn*.

Wenn ich anders sein könnte! Wenn ich so begabt wäre wie ...! Wenn ich bessere Startbedingungen für mein Leben gehabt hätte! Wenn ich eine andere Schule besucht hätte! Wenn ich meinen Traumjob ergriffen hätte! Wenn ich eine stabilere Gesundheit hätte! Wenn nicht der Krieg dazwischengekommen wäre! Wenn ich belastbarer wäre! Wenn ich damals die richtige Entscheidung getroffen hätte! Ja dann. Wenn! Aber so?

Mit dem Wort *wenn* kann ich auf einen Traumtrip gehen. Ich baue Luftschlösser, und die Entscheidungskosten sind gering. Das Wort *wenn* zerstört mein Verhältnis zur Wirklichkeit. Ich bin nicht bereit, ernst zu nehmen und zu akzeptieren, wie die Dinge liegen. Das Wort *wenn* hindert mich, Verantwortung zu übernehmen. Ich habe ja eine Entschuldigung: die schwierigen Umstände lassen es nicht zu.

Was wäre wenn?

Diese Frage kann man aber auch ins Positive wenden. Man kann sie zu einer Bestandsaufnahme nutzen. Man darf nur nicht beim Rückblick stehen bleiben.

Ich denke an eigene Lebensträume zurück. Manches ist in Erfüllung gegangen. Andere Träume musste ich begraben.

Manchmal überlege ich, wie mein Leben verlaufen wäre, wenn es damals anders gekommen wäre, ich mich anders entschieden hätte. Wenn ich einen anderen Beruf gewählt hätte, wenn ich an einen anderen Ort gezogen wäre, wenn ich andere Freunde gehabt hätte.

Wie gewinne ich aus dem Rückblick den Blick nach vorn?

Mir hilft ein Blick in die Bibel. Sie bleibt nicht bei der Vergangenheit stehen. Sie eröffnet neue Perspektiven. Sie ermutigt zu Schritten in der Gegenwart und in die Zukunft.

Ich bin bei Gott mit meiner Vergangenheit, Gegenwart und Zukunft angenommen. Meine offenen Fragen sind bei ihm aufgehoben.

Die Menschen der Bibel haben dies immer wieder erfahren. Und das waren alles andere als Siegertypen. Da waren Menschen in Sackgassen des Lebens, am Rand der Gesellschaft, an Leib und Seele Verwundete.

Von ihnen, von ihrem Glauben möchte ich lernen, auch wenn ich mich und meine Verhältnisse nicht zum

Küssen finde. Das wirkt sich in einem Dank, einem freundlichen Wort oder einem Lächeln aus. Sie selbst werden es merken – und andere auch. *(29. 4. 1994)*

ANDERS LEBEN

Ein Jugendbuch, das mit vielen Preisen ausgezeichnet wurde, trägt den Titel »Die unendliche Geschichte«. Die Hauptperson dieses Buches ist ein kleiner Junge. Zehn oder elf Jahre alt mag er sein. Bastian Balthasar Bux heißt er. Ein unglücklicher kleiner Kerl mit dicker Figur, X-Beinen und einem käsigen Gesicht. In der Schule ist er sitzen geblieben, von seinen Kameraden wird er gehänselt, und zu seinem Vater findet er nach dem Tod seiner Mutter kein richtiges Verhältnis mehr. Das Buch erzählt nun, wie dieser kleine Junge Bastian Balthasar Bux auf geheimnisvolle Weise in eine andere Welt versetzt wird, in das Land »Fantasien«. Dort erlebt er wunderbare Abenteuer. Das Aufregendste dabei ist, dass dort alle seine Wünsche in Erfüllung gehen. Er ist kein kleiner, dicker, ängstlicher Junge mehr. Er ist ein jugendlicher Held – mutig, stark, berühmt. Und er geht einen Weg voller Überraschungen und Entdeckungen, der ihn schließlich zu sich selbst führt.

Warum dieses Buch so erfolgreich geworden ist? Könnte es sein, dass hier etwas erzählt wird, was sich viele wünschen? Anders zu sein, als man ist. Ein neues Leben zu beginnen. Sich aus einem kleinen unglücklichen Bastian Balthasar Bux in eine mutige, berühmte und geliebte Persönlichkeit zu verwandeln.

Anders sein, anders leben, wer hat davon nicht schon mal geträumt. Selbst wenn wir nicht gleich zum Aussteiger werden, wenn wir uns einen Ruck geben und wieder an die gleiche Arbeit gehen – ein Traum, eine Ahnung bleibt, dass wir anders sein können. Irgendwo ganz neu anfangen, ausbrechen aus dem tristen Alltag, aufbrechen in ein neues Land. Das kann dann zur viel zitierten Midlifecrisis zwischen 40 und 50 führen, wenn Männer und Frauen plötzlich ihre Ehe verlassen, um ein ganz anderes Leben zu führen. Mancher fragt, ob das alles war, was das Leben zu bieten hat, ob es so weitergehen soll in den Jahren, die noch bleiben.

Oft folgt dem Aufbruch der Einbruch. Das Neue trägt auch nicht besser als das Alte. Das Entscheidende ist: wohin jemand auch aufbricht – er stößt immer wieder auf sich selbst.

Ein neues Leben beginnen, noch einmal ganz neu anfangen können, sozusagen noch einmal geboren werden, ist ein Thema, das die ganze Bibel durchzieht. Christus hat uns zu einem neuen Leben befreit, lautet die Botschaft der Bibel. Wir können neu anfangen, wir können anders werden. Was immer wir getan haben:

die Vergangenheit soll uns nicht mehr belasten. Es gibt Zukunft und Hoffnung. Das will sich im Alltag bewähren. Das will hineinfließen in alltägliche Entscheidungen.

Die konkreten Schritte werden unterschiedlich aussehen. Es kann z. B. sein, dass einer aus dem Beruf aussteigt, weil er merkt, dass der Beruf ihn krank macht. Der Ausstieg ist mit einem Risiko verbunden.

Die Folgen dieses Schrittes muss man gut überlegen. Ein anderer wird zu dem Ergebnis kommen, dass er eine schwierige Situation durchhalten kann, weil er weiß: Flucht ist nicht die richtige Antwort. Stehvermögen ist vonnöten.

Im Alltag kann man entdecken, was es heißt, der Kraft Gottes zu vertrauen. Sie will lebendig machen. Endlich ein Leben. Nicht mehr der kleine geduckte und vergrämte Bastian Balthasar Bux, sondern ein neuer Mensch. Und das nicht in »Fantasien«, sondern hier auf der Erde. *(20. 3. 1997)*

GUT, DASS DU DA BIST

»Gut, dass du da bist!« Ein schöner Satz am frühen Morgen. So begrüßt zu werden tut gut. Der andere streckt mir seine Hand entgegen und freut sich ganz offensichtlich, dass ich gekommen bin. Er ist gespannt auf die Begegnung, auf gute Gespräche. Der freundliche Zuspruch von Menschen tut Leib, Seele und Geist gut.

Die entgegengestreckte Hand ist für mich zum Sinnbild geworden. So begegnet mir Gott jeden Morgen neu. So streckt er mir an jedem Morgen seine Hand entgegen.

»Gut, dass du da bist! Schön, dass es dich gibt!« Gott hat mir mein Leben anvertraut und begegnet mir freundlich. Er hat mich mit meinen Stärken und Schwächen und mit allen meinen Sinnen geschaffen. Mit meinen Augen kann ich die Schönheit des Wolkenspiels am Himmel sehen. Meine Ohren freuen sich an den Harmonien eines Musikstücks. Mit meiner Nase kann ich den Blütenduft des Sommers einatmen. Mit meiner Zunge schmecke ich eine leckere Speise.

Da kann ich nur staunen und mit dem Beter eines Psalms einstimmen:

»Ich danke dir dafür, dass ich wunderbar gemacht bin!«

Den Alltag erlebe ich jedoch anders. Während der Ausbildung und im Beruf werden Leistungen gefordert. Dort zählen schnelles Erfassen von Vorgängen, kompetenter Umgang mit Menschen, sachgerechte Arbeit. Man kann den Eindruck gewinnen, dass Noten, Zeugnisse und Beurteilungen über den Wert eines Menschen entscheiden. Wer in seinem Leben etwas erreichen will, muss etwas bringen. »Leiste was, dann bist du was!«

Irgendwie macht es auch Spaß, etwas zu leisten. Wenn man sieht, dass sich der Einsatz lohnt, stellt sich ein Erfolgsgefühl ein. Dennoch: nicht die Leistung bestimmt den Wert meines Lebens. Über den Wert bestimmt der, der mir das Leben mit seinen Möglichkeiten und Grenzen geschenkt hat und der Ja sagt: Gott.

Dieses Ja Gottes zu uns können wir mit immer neuen Sätzen umschreiben, z. B. so:

»Du bist da. Und dass du bist, ist gut.« Sein Ja hat Gott in seinem Sohn Jesus Christus verbürgt. Vorurteilslos ist Jesus auf die unterschiedlichen Menschen zugegangen. Er hat sie so angesehen und geliebt, wie sie ihm begegneten.

Gut, dass du da bist. Das eröffnet Perspektiven!

Manche stecken aber voller Minderwertigkeitskomplexe. Sie erwecken den Eindruck, als wollten sie sich ständig dafür entschuldigen, dass es sie überhaupt gibt.

Steht ein Mann morgens vor dem Spiegel, sieht in das zerknitterte Gesicht und brummt:

»Ich kenne dich zwar nicht, ich mag dich auch nicht, aber ich rasiere dich trotzdem!«

Nicht immer geht es so gutmütig ab. Gut, dass es dich gibt?!

Bei meiner Taufe hat Gott sein Ja zu mir gesprochen. Jeden Tag lerne ich, dieses Ja nachzusprechen. Einmal zu mir selbst. Ich kann mich annehmen, ohne neidisch auf andere zu schauen. Ich bin geschaffen, nicht geworden, ein unverwechselbarer, origineller Gedanke Gottes.

Und dann gilt das Ja auch den anderen. Danke, dass es dich gibt. *(8. 6. 1998)*

WEIHNACHTS- UND NEUJAHRSWÜNSCHE

»Frohe Weihnachten und alles Gute fürs neue Jahrtausend.« So begannen Ende 1999 manche Weihnachtsgrüße. »Danke«, werden Sie vielleicht gesagt haben, wenn Sie diesen Wunsch gelesen oder gehört haben. Natürlich wünschten wir uns, dass es gut würde, das Jahr 2000, dass wir gesund blieben, dass es der Familie gut gehen sollte, dass der Beruf gesichert sei.

Keiner wusste, was das Jahr 2000 alles bringen würde. Viele bereiteten sich auf das so genannte Millennium vor, auf dieses 1000er Jahr. Bei anderen machten sich bohrende Gedanken breit, die massive Ängste hervorrufen: Was wird aus dem Frieden in der Welt? Welche Katastrophen haben wir im neuen Jahr zu erwarten? Ein zweites Eschede, irgendwo in Deutschland? Wie wird sich die Euro-Zukunft entwickeln? Wird die Regierung der Arbeitslosigkeit Herr werden? Wie werden wir selbst durch das Jahr kommen?

Manche möchten diese Fragen an den Feiertagen gern wegschieben und stattdessen feiern. Aber die Sorgen bleiben und die Probleme auch. Verdrängung ist keine Lösung, höchstens eine vorübergehende Ablenkung.

Was tun? Hat der Wunsch »Alles Gute fürs neue Jahr« vielleicht doch noch mehr zu sagen als einfach »Mach's gut«?

Der frühere Bundespräsident Gustav Heinemann hat bei einem Kirchentag ein nachdenkenswertes Wort gesagt. Einmal gehört, habe ich es nicht vergessen.

»Die Herren dieser Welt gehen«, hat er gesagt und hinzugefügt: »Aber unser Herr kommt.«

Und er meinte damit Jesus Christus.

Die Adenauers, Nixons, die Breschnews, Churchills und Mitterands gehen, sind gegangen. Und die, die heute herrschen, gehen auch. Es gehen auch die, uns das Leben schwer machen, die Mobbing-Experten, die brutalen Verhandlungspartner. Sie richten Schreckliches an, aber sie bleiben nicht.

Aber, und das ist nun das Wichtige: »Unser Herr kommt!« Jesus Christus kommt wieder und bringt Gottes Reich. Da gibt es keine Tränen mehr, keine Diktatoren und Kriegstreiber. Es gibt keinen Tod mehr, nur prallvolles Leben.

Wer daran glaubt, lebt heute schon anders. Der lebt gelassener. Es kann ihn nicht mehr alles runterziehen. Da gibt es eben noch etwas anderes am Horizont, ein Licht hinter dem Dunkel. Sorgen bleiben und kommen auch wieder, aber sie haben eine andere Qualität. Sie verlieren ihre letzte Autorität. Das gibt Entlastung im Blick auf die Herren dieser Welt. Ja, es gibt sogar Widerstandskraft: Wir werden im Blick auf letzte Ansprüche weltlicher Machthaber immuner. So hat z. B. die Bekennende Kirche 1934 mutig formuliert: »Jesus Christus, wie er uns in der Heiligen Schrift bezeugt wird, ist das eine Wort Gottes, das wir hören, dem wir im Leben und Sterben zu vertrauen und zu gehorchen haben.«

Woher hatten die Leute, die damals, 1934, so sprechen konnten, den Mut? Woher nahmen sie ihre Zivilcourage? Sie haben eben nicht nur aus der Hoffnung auf ein besseres Jenseits gelebt.

Sie wussten, dass Gott mit ihnen geht, für sie da ist und regiert, und zwar jeden Tag.

Dietrich Bonhoeffer, Theologe zur Zeit des Dritten Reiches, bekannte sich auch angesichts des bevorstehenden Todes durch die Hitlerdiktatur weiterhin zu Gott. Zwischen Weihnachten und Silvester 1944 hat er ein Lied gedichtet, das seine Hoffnung beschreibt. Zwei Verse daraus lauten:

»Von guten Mächten treu und still umgeben, behütet und getröstet wunderbar, so will ich diese Tage mit euch leben und mit euch gehen in ein neues Jahr.

Von guten Mächten wunderbar geborgen, erwarten wir getrost, was kommen mag. Gott ist mit uns am Abend und am Morgen und ganz gewiss an jedem neuen Tag.« *(22. 12. 1999)*

GEBURTSTAGSWÜNSCHE

Ich erinnere mich gut an einen bestimmten Gottesdienst. Gute Wünsche standen im Mittelpunkt der Predigt. Was meinen wir, wenn wir jemandem »Gottes Segen« wünschen, »alles Gute«, »viel Erfolg und Ansehen« oder »vor allem Gesundheit«?

Ein paar Tage später hatte ich Geburtstag. Was wünscht man nun einer Pfarrerin zum Geburtstag, die ein paar Tage vorher in der Predigt gesagt hat, dass Gesundheit eben nicht die Hauptsache ist? Eine Gratulantin fand eine interessante Lösung. Sie gab mir die Hand und sagte: »Ich wünsche Ihnen Gottes Segen, aber doch auch noch Gesundheit.« Ich habe den Wunsch gern entgegengenommen. Seitdem höre ich noch aufmerksamer zu, was Menschen einander zum Geburtstag wünschen. Und ich lese meine eigene Geburtstagspost gespannt. Was wünscht man mir wohl außer Gesundheit noch?

Zum Glück ist nicht jede Krankheit eine Katastrophe. Vor allem ist sie ein Angebot. Ein Angebot, innezuhalten auf dem Weg. Die Grundlagen des Lebens zu hinterfragen und zu überprüfen. Die Beziehungen. Die Ziele und die Perspektiven. Und den Glauben.

Vieles hat sich eingeschliffen. Vieles ist selbstverständlich geworden. Krankheit kann eine Chance sein, neu nachzudenken.

Bei Begegnungen mit älteren Menschen fällt auf, dass sich viele Gespräche um die Gesundheit und das körperliche Wohlergehen drehen. Manchmal frage ich, ob nicht Zufriedenheit das Wichtigste ist. Ob man nicht vor allem ein festes Herz braucht, wenn die Knie wankend geworden sind. Ob nicht gute Freunde oder Freude vielleicht ein guter Geburtstagswunsch für einen älteren Menschen sind.

Natürlich ist es lieblos, einem schwer kranken Menschen zu sagen, es würde Wichtigeres als Gesundheit geben. In seinem Denken kreist alles um die Frage, ob er wieder gesund wird. In dieser Situation kann ich nur sagen: Was auch geschieht, niemand fällt aus Gottes Hand. In ihm sind Gesunde und Kranke geborgen. Nicht einmal der Tod kann uns aus dieser Hand reißen.

Das ist die Botschaft für Grenzsituationen des Lebens.

Aber sonst – müssen wir da nicht freundlich und konsequent behaupten, dass Gesundheit *nicht* die Hauptsache ist? Beispiele, die das belegen, erleben wir täglich.

Eine ältere Dame, die seit mehreren Jahren beinamputiert ist, erklärt mir bei jedem Besuch freundlich lächelnd, es ginge ihr gut. Natürlich könne sie nicht gehen, aber es finde sich immer jemand, der den Rollstuhl schiebt. Sicher sei sie nicht immer schmerzfrei, aber die Pflegerinnen seien so freundlich und die Familie zuverlässig beim Besuchen, dass sie rundum zufrieden sei. Sie hat gelernt, mit ihrer Krankheit zu leben.

Eine andere – viel jüngere – hat Erfolg im Beruf, besitzt eine schöne Wohnung, ist kerngesund. Äußerlich ist alles in bester Ordnung. Aber trotzdem ist sie unzufrieden.

Natürlich: Niemand will krank sein. Ich will die Krankheit nicht schönreden. Aber mancher hat im Nachhinein gesagt: Ich möchte diese Erfahrung nicht missen. Ich habe mich selbst neu wahrgenommen, andere Menschen und auch Gott.

Gesundheit ist kein Zeichen der besonderen Nähe Gottes – und Krankheit ist kein Zeichen der Abwesenheit Gottes. Ich bin dankbar für meine Gesundheit, aber ich bitte Gott darum, dass sie nie zur Hauptsache in meinem Leben wird, sondern immer der, dem ich sie verdanke. *(5. 7. 2000)*

WUNSCHLOS GLÜCKLICH?

Sind Sie wunschlos glücklich? Ich kenne niemanden, der auf diese Frage rückhaltlos mit Ja antworten könnte. Wir haben Wünsche, Träume und Sehnsüchte. Es gibt immer irgendetwas in unserem Leben, das wir gern noch anders, besser hätten. Unsere Sehnsüchte sind die Motoren für die Veränderung. Wir stecken uns Ziele und versuchen, unser Leben zu verschönen oder zu erleichtern. Ich finde, das ist gut so. Selbstzufriedenheit kann leicht zu Trägheit und Resignation führen.

Oft war es Unzufriedenheit, dass man sich mit den bestehenden Verhältnissen nicht abfinden wollte. Ich denke z. B. an Martin Luther King, der der Diskriminierung schwarzer Amerikaner seinen Traum von einem gerechten und gleichberechtigten Miteinander aller Amerikaner entgegengehalten hat und so zu einem Wegbereiter der Gleichbehandlung zwischen Weißen und Schwarzen geworden ist. »I have a dream« – »Ich habe einen Traum«, so begann seine berühmte Rede 1963 in Washington. Die Worte Kings gingen in alle Welt, gelten bis heute als eins der gewaltigsten Zeugnisse eines Menschen, das die Realität zu ändern vermag. Nur wo Menschen wie King auf Größeres und Weiteres aus sind, verändert sich etwas zum Guten.

Was sind eigentlich Sehnsüchte? Sehnsüchte sind Gefühle für etwas Abwesendes oder weit Entferntes, von dem Auswirkungen auf das eigene Leben erwartet wird. Sehnsüchte zielen auf eine Qualitätsverbesserung im eigenen Leben. Der Einsame sehnt sich nach einer tragfähigen Beziehung, der Arbeitslose nach einer Anstellung, der Lottospieler nach dem großen Glück, der Gestresste nach Ruhe. Und selbst der, der eigentlich alles hat, hat immer noch Sehnsüchte. So verschieden Sehnsüchte sein mögen, das Ziel ist das Gleiche und lässt sich wohl mit den schwammigen Begriffen Glück und Erfüllung am besten auf einen gemeinsamen Nenner bringen. Wie das gehen soll, sagen uns unsere Sehnsüchte, unsere Wunschträume und Hoffnungen. Wenn die erst einmal erfüllt sind, so denken wir, dann ist alles in bester Ordnung. Leider erweist sich das als Trugschluss. Die Sehnsucht scheint mit der Fata Morgana verwandt zu sein. Man kann ihr folgen und kommt doch nie ans Ziel. Die Erfüllung einer Sehnsucht schafft zwar eine kurze Befriedigung, weckt aber meist gleich die Sehnsucht nach mehr. Glück und Wohlbefinden sind kurzlebig und lassen sich nicht konservieren. Gerade habe ich mir den langersehnten Wunsch erfüllt – schon meldet sich der nächste auf der Wunschliste: »Das wär doch auch noch toll ...«

Wir leben in einer Zeit und Gesellschaft, in der wir uns manchen Wunsch erfüllen können. Trotzdem bleiben Wünsche offen und Sehnsüchte ungestillt. Dieses Mangelempfinden, dieses Gefühl »Mir fehlt noch etwas« scheint zu unserem Leben zu gehören, selbst dann, wenn es uns objektiv betrachtet gut geht. Die unerfüllten Wünsche machen das Leben spannungsreich, lebendig, beglückend. Und fordern zum Engagement heraus. *(6. 7. 2000)*

SEGENSWÜNSCHE

Vor kurzem habe ich Geburtstag gefeiert. Freunde und Bekannte schickten gute Wünsche oder gratulierten mir persönlich mit den Worten: »Herzlichen Glückwunsch zum Geburtstag und Gottes Segen fürs neue Lebensjahr.« Einen Segenswunsch bekam ich durchs Telefon gesungen: »Viel Glück und viel Segen auf all deinen Wegen, Gesundheit und Freude sei auch mit dabei.« Ein anderer schickte mir eine Karte mit einem alten irischen Segensgebet:

»Gott sei vor dir, um dir den rechten Weg zu zeigen.
Gott sei neben dir, um dich in die Arme zu schließen und dich zu schützen gegen Gefahren.
Gott sei hinter dir, um dich aufzufangen, wenn du fällst.
Gott sei in dir, um dich zu trösten, wenn du traurig bist.
Gott sei um dich herum, um dich zu verteidigen, wenn andere über dich herfallen.
Gott sei über dir, um dich zu segnen.
So segne dich Gott, heute, morgen und allezeit.«

Der Segen Gottes wird uns an Wendepunkten des Lebens zugesprochen. Zu Beginn eines neuen Lebensjahres, zu einem besonderen Jubiläum, bei der Taufe, der Konfirmation, der Hochzeit. Einschnitte, die Lebensabschnitte markieren.

Segnen meint, sichtbar werden lassen: Gott geht mit. Sein Einverständnis begleitet uns. Er ist da. Mit seiner lebensspendenden und heilsamen Wirklichkeit. Segen heißt: Gott mit uns. Geborgenheit in jeder Lebenslage.

Gottes Segen will Kreise ziehen. Gott möchte, dass wir anderen zum Segen werden. Einem Menschen Gottes Segen zusprechen und dann dessem Leben gleichgültig gegenüberstehen ist undenkbar.

An meinem Geburtstag kamen Freunde und ich ins Erzählen. Wir sprachen über Menschen, die in den zurückliegenden Jahren gute Wegbegleiter waren. Sie waren uns zum Segen geworden. Einer erzählte von seinem Klassenlehrer. Der hatte zu ihm gestanden, als er mit sechzehn nicht ganz einfach war. »Aus dir wird was«, hatte er immer wieder gesagt. Und dann mit dafür gesorgt, dass er nicht abstürzte.

Mir fallen ältere Freunde ein, die mich durch ihr Leben beeindruckt haben. Reden und Handeln stimmen bei ihnen überein. Sie haben mich vor vielen Jahren in meinem Entschluss bestärkt, Pfarrerin zu werden. Und als ich zwischendurch aufgeben wollte, haben sie mich ermutigt weiterzumachen.

Wer ist Ihnen zum Segen geworden? Sicher fallen Ihnen Menschen ein, die Spuren in Ihrem Leben hinterlassen haben. Gut, dass wir einander zum Segen werden können – manchmal auch durch die Art, wie wir jemandem Mut machen, sich zu entfalten. Manchmal durch ein gutes Wort. Manchmal durch einen unerwarteten Anruf oder durch einen Kartengruß. Es ist wichtig, dass wir anderen unseren Segen geben. Es spiegelt ein wenig davon wider, was Menschen seit Jahrtausenden vom Segen Gottes erwartet haben: Hilfe, Bewahrung, Ermutigung. Wer um Gottes Segen bittet, gesteht sich ein: Ich bringe es nicht aus mir allein. Und ich muss es auch nicht. Gottes Kraft soll in meinem Leben aufleuchten und mich begleiten.

Wie hieß es im irischen Segenswunsch? »Gott sei vor dir, um dir den rechten Weg zu zeigen.« Gut, dass ich das hören kann, wenn ich nicht genau weiß, wie es weitergehen soll. Gut zu wissen, dass Gott nahe ist. »Gott sei in dir, um dich zu trösten, wenn du traurig bist.« Aber es ist vor allem ein Segen, der Mut zum Leben macht: »Gott sei über dir, um dich zu segnen. So segne dich Gott, heute, morgen und allezeit.«

(6. 8. 2002)

ZWISCHEN
DEN GENERATIONEN

SCHWIEGERMUTTER – SCHWIEGERTOCHTER

Schwiegermutter werden ist nicht schwer – Schwiegermutter sein dagegen sehr.

Die Frau, die mir diesen Satz sagte, war von seiner Richtigkeit fest überzeugt.

Sie hatte ihren Sohn unter großen Entbehrungen großgezogen. Der Vater war früh verstorben. In ihrem Leben hatte sie Fantasie entwickeln müssen, um die Familie durchzubringen. Ihr Sohn hatte das Abitur geschafft und sein Studium in relativ kurzer Zeit erfolgreich beendet. Nun bezeichnet die Schwiegertochter den Mann als Muttersöhnchen, weil dieser nach wie vor eine starke Beziehung zu seiner Mutter hat. Um Konflikten mit seiner Frau aus dem Weg zu gehen, wird er zusehends verschlossener gegenüber seiner Mutter. Alles, was die Mutter für ihn getan hat, scheint vergessen zu sein. Sie fühlt sich im Haus des Sohnes nur noch geduldet. Es kommt zu Pflichtanrufen und Pflichtbesuchen.

Aus der Sicht der Schwiegertochter stellt sich die Situation ganz anders dar. Sie hat den Eindruck, dass sie nichts richtig macht. Da glaubt sie, Normen übernehmen zu müssen: Sauberkeit, Ordnung und gutes Essen. Sie muss Maßstäben genügen, die für sie nicht passen. Nie reicht sie an die Ansprüche heran, die gestellt werden. Das macht sie unsicher. So entsteht eine verkrampfte Atmosphäre im Umgang miteinander. Der Mann steht dazwischen und hält sich raus. Die Schwiegermutter schämt sich andererseits für ihren Sohn: Wie die Frau rumläuft! Wie die Wohnung aussieht! Wie sie die Kinder erzieht! Sie können nicht mal grüßen und danke sagen und ziehen sich schlampig an. Von mir bekommen sie ordentliche Kleidungsstücke geschenkt, aber die Mutter kann sich bei ihren Kindern nicht mal durchsetzen. Meine teuren Kleidungsstücke ziehen sie einfach nicht an. Ihre verwaschenen Jeans scheinen sie lieber zu mögen. Muss die Schwiegertochter sich das dauernde Reinreden und Nörgeln der Schwiegermutter gefallen lassen? Schwiegermutter – Schwiegertochter – häufig eine spannungsreiche Beziehung.

Dass es auch ganz anders gehen kann, zeigt eine Geschichte aus der Bibel.

Sie erzählt von drei Frauen: Noomi, Rut und Orpa. Noomi war mit ihrem Mann und den beiden Söhnen ausgewandert, weil zu Hause bittere Not herrschte. In der neuen Heimat hofften sie, Brot und Arbeit zu finden. Noomis Mann starb recht bald. Die beiden Söhne wuchsen im fremden Land auf und suchten sich dort auch ihre Frauen. Leider erlebten sie nur wenige Jahre mit ihnen. Beide Männer starben früh. So standen alle drei Frauen allein. Noomi wollte nach dem Verlust ihrer Söhne in ihre alte Heimat zurück. Sie hing sich nicht an die junge Generation. Sie wollte die jungen Witwen nicht mit *ihrem* Leid und *ihren* Erwartungen und *ihren* Forderungen belasten. Die junge Generation musste schließlich ihre eigenen Wege finden.

Darum keine Worte der Belehrung, keine Befehle, keine unterschwelligen Vorwürfe.

Diese Schwiegermutter hatte nicht nur ihre Söhne losgelassen, sondern gab auch die Schwiegertöchter für eine neue glückliche Beziehung frei – ohne Hintergedanken, ohne den leisesten Versuch, sie an sich zu binden. Sie dachte nicht: Sie müssen froh sein, dass sie meine Söhne überhaupt bekommen haben. Sie dankte beiden – zuerst für die Liebe an den Söhnen und dann für das, was sie selbst durch die Schwiegertöchter erfahren hatte. Sie verstand zurückzutreten, sich nicht anzuhängen, sondern ihre eigene Wahl zu treffen. Vielleicht waren die beiden jungen Frauen darum so anhänglich! Sie fühlten sich frei und geschätzt. Eine dankbare und selbstständige Schwiegermutter ist attraktiv! Die Wege der drei trennten sich. Orpa ging. Noomi ließ sie ohne Bitterkeit ziehen. Rut blieb bei Noomi und ging mit ihr zurück in ihre Heimat.

»Wo du hingehst, da will ich auch hingehen; wo du bleibst, da bleibe ich auch. Dein Volk ist mein Volk, und dein Gott ist mein Gott« (Rut 1,16; Luther).

Das ist keine romantische Liebeserklärung, kein

Trautext, sondern freiwillige Treue einer jungen Witwe zu ihrer alten Schwiegermutter.

Die hatte ihr Anschauungsunterricht gegeben, wie unterschiedliche Menschen miteinander umgehen und sich gegenseitig achten können. Sie hatte nicht ständig an ihr herum erzogen. Noomi hatte ihre Schwiegertöchter bejaht, freigegeben und gerade dadurch gewonnen. Rut hat den Glauben ihrer Schwiegermutter kennen gelernt, und sie hat Güte und Weisheit, Selbstlosigkeit und Vertrauen bei Noomi gespürt und erfahren. Noomi – eine Frau, eine Schwiegermutter mit einem großen, weiten Herzen, geborgen in Gott.
(8. 7. 1997)

YUPPIE JUNIOR

Vor kurzem erhielt ich einen Brief von einem 11-jährigen Mädchen. Sie war Teilnehmerin bei einer Sommerfreizeit gewesen. Nun hatte sie noch mal aufgeschrieben, warum sie die vierzehn Tage in Dänemark toll fand. »Ich hätte nie gedacht«, so schrieb sie in dem Brief, »dass es mir so gut gefallen würde. Für mich war es voll gut, mit den andern zusammen zu sein. Ich habe sogar meine Videofilme und meinen Walkman nicht vermisst. Jetzt hänge ich aber wieder ganz oft vor der Glotze. Hier ist nichts los. Mein Bruder ist die wenigste Zeit zu Hause, obwohl er erst 13 ist. Letzte Woche wäre er beinahe ›hops‹ gegangen, als er mal wieder das berühmte Spiel an der Fußgängerampel spielte: Ich gehe nicht bei Grün rüber, sondern in dem Moment, wenn die Autofahrer starten wollen. Ein gefährlicher Nervenkitzel, finde ich.

Bei meiner Freundin ist es ganz anders als bei mir. Sie beklagt sich, dass zu viel los ist: Klavierunterricht, Reiten, Tennis, Englischnachhilfe und so was alles. Sie findet, dass ihre Eltern sie als Aushängeschild benutzen: Das kann *unsere* Tochter!«

Der Brief macht einige Aspekte einer veränderten Lebenswelt deutlich, in der Kinder sich zurechtfinden müssen. Im Zeitalter des Individualismus ist sich jeder selbst der Nächste. Gemeinsame Unternehmungen in Familien haben Seltenheitswert. Der Anteil allein erziehender Väter und Mütter nimmt zu. Nicht selten sind die Kinder durch die Berufstätigkeit des Elternteils dann ganz auf sich allein gestellt. Für viele Eltern stellt sich schon lange nicht mehr die Frage nach der Vermittlung von Werten und Maßstäben. Altes trägt nicht mehr, aber Neues ist noch nicht gefunden.

Geblieben ist die Sehnsucht nach dem, was zum Menschsein gehört: Liebe und Anerkennung bekommen und in Frieden und Sicherheit leben können.

Als Antwort bietet unsere Gesellschaft viele Angebote und Versprechungen, die sich auf diese Bedürfnisse beziehen, sie aber nicht befriedigen.

Das führt zu einem ständig steigenden Konsum, der abhängig, aber nicht glücklich macht. Je mehr ich esse, desto mehr Hunger habe ich. Konsumiert werden Essen und Trinken, Bilder, Filme, Gespräche, Beziehungen, Spiel- und Freizeitangebote. Schon bei Kindern ist diese Lebenshaltung zu beobachten, vorgelebt von Erwachsenen, genährt vom Kinder-Marketing der Spielzeug- und Freizeitindustrie.

Viele Kinder haben einen prall gefüllten Terminkalender. Yuppie Junior übt sich im Alter von vier in der musikalischen Früherziehung oder im Ballett, kratzt auf Geigen und Celli herum und lernt Englisch, Französisch oder Spanisch schon im Kindergarten.

Kinder brauchen aber vor allem Menschen, die zuverlässig sind, die ihnen Geborgenheit geben und ihnen Lust am Leben machen. Sie brauchen Menschen, die ihnen bei den Hausaufgaben helfen und einfach Zeit für sie haben. Sie brauchen Räume, in denen sie von Gott hören und in denen sie ihren Glauben, ihrem Alter gemäß, leben können. Kinder müssen ihre eigene Rolle finden, sich in dieser Welt zurechtfinden und im Spiel lernen, Konflikte zu bewältigen. Das Wichtigste aber ist, dass Kinder erfahren: Ich bin angenommen mit meinen Stärken und Schwächen.

Die biblischen Geschichten werden nicht müde zu beschreiben, wie Gott den Menschen annimmt.

Christen können in der Bibel nachlesen, wie das so

geht, und es sollte deshalb nicht so schwer sein herauszufinden, wie wir uns Kindern gegenüber verhalten sollten. So wie wir es im Augenblick tun, jedenfalls nicht! *(14. 10. 1997)*

FAMILIENIDYLLE

Eigentlich war es ein ganz normaler Abend gewesen, fast eine Familienidylle. Aber dann ging die gleiche Leier wieder los: »Nimm die Füße bitte runter! Geht die Musik nicht etwas leiser? Deine Colaflasche macht Ringe auf der Tischplatte!«

Ein Wort gab das andere. Krachend wirft Markus die Tür ins Schloss. Ein paar Sachen in die Sporttasche geschmissen und einfach abgehauen. Heute Nacht könnte er vielleicht bei Thomas bleiben – aber dann?

Der Vater stand wütend im Wohnzimmer. »Dann sieh doch zu, wie du allein klarkommst«, hatte er hinterher geschrien. »Ich lasse mir doch nicht alles bieten!«

Hier war mehr als die Haustür, hier war auch die Tür zu seinem Sohn zugeschlagen. Das wurde auch dem Vater sehr bald klar. Die Gedanken schossen ihm durch den Kopf: Wo wird er heute Nacht bleiben? Wo mag er jetzt sein? Wo will er denn hin?

Streit und Auseinandersetzungen gehören zum Leben, gerade in Familien mit heranwachsenden Kindern. Konfliktpunkte gibt es viele. Das leidige Thema Kleidung z. B.: »Kannst du dich nicht ordentlich anziehen? Warum müssen es immer diese ausgelatschten Turnschuhe sein? Kauf doch endlich mal ordentliche Schuhe!« Oder das Streitthema Musik: »Warum muss sie nur so laut sein? Und überhaupt: Wie kann man nur solche Musik hören?«

Ein Jugendlicher hat seine Situation sehr treffend zusammengefasst: »Auf der einen Seite behandeln mich meine Eltern wie einen verantwortlichen, erwachsenen Menschen, vor allem, wenn ich im Haushalt helfen, einkaufen oder auf meinen kleinen Bruder aufpassen soll. Auf der andern Seite bin ich noch wie ein kleines Kind für sie.

Jedes Mal, wenn ich abends weg will, ins Kino, zu Freunden oder zu einer Party, dann gibt es Ärger. ›Du bist noch viel zu jung! Warum muss das denn schon wieder sein?‹«

Jugendliche wünschen sich mehr Eigenständigkeit und Freiheit. Auf der einen Seite gerade eben noch Kind, auf der anderen Seite schon fast erwachsen. Mit den Konflikten richtig umzugehen fällt vielen Eltern und Jugendlichen schwer. Und das hat Gründe.

Im Laufe unseres Lebens lernen wir Mathematik und Erdkunde, Sprachen, den Umgang mit Computern und vieles mehr. Wo und wie aber lernen wir, wie man Kinder erzieht und vor allem, wie man es bewältigt, dass sie selbstständig werden? Das aber müssen wir doch lernen: wie man in der Liebe Abstand voneinander gewinnt; wie man sich buchstäblich auseinander setzen kann.

Und so will auch streiten gelernt sein. Das beginnt mit der Bereitschaft einzusehen, dass niemand das Streiten gelernt hat.

Ein Weiteres kommt dazu: Streiten lernen ist nur möglich, wenn in einer Familie eine Grundatmosphäre von Vertrauen und Liebe herrscht. Kann ein Jugendlicher damit rechnen, dass seine Eltern ihn lieben, egal, wie hart manchmal die Auseinandersetzung zwischen ihm und ihnen ist? Ist die Bereitschaft vorhanden, nach dem Streit wieder aufeinander zuzugehen, statt die Tür endgültig zuzuschlagen? Das darf natürlich keine Einbahnstraße sein. Nicht nur die Eltern müssen mit der Versöhnung, der Vergebung, der Bereitschaft zum Neuanfang beginnen. Wir können dann gut miteinander leben, wenn wir über Wünsche, eigene Vorstellungen, Gefühle und das Anderssein-Wollen miteinander sprechen.

In der Bibel lesen wir einmal (vgl. Epheser 6,1 ff.): »Ihr Kinder, gehorcht euren Eltern. Ihr Eltern, behandelt eure Kinder nicht ungerecht, sonst fordert ihr sie nur zum Widerspruch heraus. Eure Erziehung muss vielmehr in Wort und Tat von der Liebe zu Christus bestimmt sein.«

Ein weiser Rat für Kinder, für Eltern. Vielleicht muss man aber noch einen Satz ergänzen: Wenn ihr etwas falsch gemacht habt, Eltern und Kinder, dann bittet einander um Verzeihung.

Neu anfangen zu können ist eine der schönsten Möglichkeiten im Leben. Es gibt sie – Gott sei Dank.

(9. 6. 1998)

BIST DU DER WEIHNACHTSMANN?

Für den kleinen vierjährigen Tim war es eine Katastrophe. Nach stundenlanger Quengelei hatte er sein geliebtes Feuerwehrauto zum Weihnachtseinkauf in die Stadt mitnehmen dürfen. Es war ja auch furchtbar langweilig, wenn Mama ewig in Schaufenster hineinstarrte, in denen es nichts zu sehen gab. Und dann erst der Einkauf! Zwischen Hosen- und Pulloverständen flitzte sie hin und her, betrachtete das eine Stück und legte es wieder weg, um das nächste auf die Qualität und den Preis zu überprüfen.

Währenddessen spielte Tim zwischen den vielen Einkäufern und Verkäufern mit seinem Feuerwehrauto. Irgendwie war es dann passiert. Plötzlich war das Hinterrad von seinem Feuerwehrauto ab. Damit war nicht nur das Auto kaputt, sondern auch die weihnachtliche Einkaufsidylle. Alles Suchen half nichts. Das Rad blieb unauffindbar.

Für die Mutter war klar: *dieser* Nachmittag war gelaufen. Tim stand da mit seinem kaputten Feuerwehrauto, ihm standen die Tränen in den Augen. Also raus aus dem Geschäft, bevor es eine mittlere Katastrophe gab.

Die gab es dann draußen. Vorbeieilende Passanten lächelten ihm ermutigend zu, manche mit blöden Sätzen wie: »Du kannst dir ja vom Christkind ein neues Feuerwehrauto wünschen!«

Einige Herren mit geschäftigem Schritt wichen dem verzweifelten Blick des Jungen mit der spaßig gedachten Bemerkung aus: »Leider kein Werkzeug dabei!«

Doch plötzlich war er da. Die Wollmütze tief über die Ohren gezogen, unter der das schon längst ergraute Haar ungepflegt hervorquoll. Die zwei übereinander gezogenen zerschlissenen Wintermäntel wärmten ihn, denn von den abgelaufenen Turnschuhen an seinen Füßen war nichts zu erwarten.

Er lud wie selbstverständlich sein Fahrrad ab. Zwischen Pappkartons und Plastiktüten tauchte in Zeitungspapier eingewickelt Werkzeug auf.

Bis jetzt war kein Wort gesprochen worden.

Der kleine Tim reichte dem Mann wie selbstverständlich sein kaputtes Feuerwehrauto und zeigte mit dem Finger auf die Hinterachse, an der das Rad fehlte.

Viele Passanten waren stehen geblieben. Sie sahen diesen Mann, nicht den Obdachlosen, Stadtstreicher oder Penner, wie sie ihn sonst genannt hätten.

Dann hat er in seinen Taschen und Tüten so lange

gekramt, bis er etwas fand, das er als Rad zurechtbiegen konnte. Mit seinen alten, aber noch geschickten Händen reparierte er das Auto und reichte es dem Jungen.

Tim fragte ihn: »Bist du der Weihnachtsmann?« »Nein«, sagte der Mann, strich dem Jungen mit der Hand über den Kopf und sagte: »Aber Bethlehem ist überall!«

Dieser Satz ist mir nachgegangen. *Aber Bethlehem ist überall.* In Bielefeld oder Köln oder in Dortmund oder wo Sie jetzt auch sein mögen. *(23. 12. 1999)*

DA IST KEINE LIEBE DRIN

Sie hatte es nicht erwarten können, die alte Frau, die ich kurz vor Weihnachten besuchte. Das Weihnachtspaket stand geöffnet auf dem Küchentisch. Ein großes Paket. Der Inhalt vom Feinsten. Ein Querschnitt aus dem Feinkostladen. Von der Wildpastete bis zum französischen Rotwein.

Mir lachte das Herz im Leibe – die Beschenkte allerdings lachte nicht. Fast achtlos räumte sie das Paket beiseite, damit wir uns gemeinsam an den Tisch setzen konnten. »Was haben Sie da für herrliche

Sachen«, sagte ich, »mögen Sie die nicht?« »Darauf kommt es nicht an«, sagte die alte Frau, »da ist keine Liebe drin.«

»Sie« – sie sprach von ihrer Tochter –, »sie hat das Paket nicht einmal selbst gepackt. Sie hat es nach Katalog bestellt einschließlich der Weihnachtskarte. Kein persönlicher Weihnachtswunsch, kein Besuch, keine Einladung. Alles teure Sachen, die ich mir nicht leisten kann. Aber: keine Liebe drin!«

So lakonisch ist mir das Wesen des Schenkens selten beschrieben worden. Im Geschenk erkennen wir den Geber und freuen uns an seiner Liebe. Wir sollten es wieder mehr wagen, im Geschenk dem anderen persönlich und liebevoller entgegenzutreten. So kommen wir auch dem Weihnachtsfest auf die Spur. Denn alles Schenken lebt von dem einen großen und entscheidenden Geschenk, das Gott uns macht. Das Herz von Weihnachten ist das Geschenk Gottes an uns. All unser Schenken lebt davon, dass es etwas von der Liebe widerspiegelt, die in dem einen Geschenk Gottes an uns, der Geburt von Jesus Christus, ihren einmaligen und endgültigen Ausdruck gefunden hat.

Es sind keine materiellen Gaben, die Gott uns in den Stall von Bethlehem legt. Vielleicht wären sie vielen Menschen lieber. Gott gibt sich selbst. Er wickelt sich in Windeln ein. Er wird der Sohn der Maria. Er friert und leidet mit uns. Er teilt unsere Freude. Einer für uns, da, wo wir leben und leiden, lieben und hassen, schenken und raffen. Einer, der uns versteht. Einer, der uns helfen will, mehr zu lieben und weniger zu hassen, mehr zu geben und weniger zu nehmen.

Ein Geschenk, das persönlicher nicht sein kann. Mit diesem Geschenk lässt sich Gott ins Herz schauen. Da ist Gottes Liebe drin.

Geschenke muss man auspacken, um ihren Wert zu ermessen. Was für unser Schenken gilt, gilt auch für Gottes Weihnachtsgeschenk. Zur Weihnachtsfreude kommt, wer sich auf die Weihnachtsbotschaft einlässt, die seit jenem ersten Weihnachtsfest nicht verstummt ist: »Siehe, ich verkündige euch große Freude, die allem Volk widerfahren ist, denn euch ist heute der Heiland geboren.« *(24. 12. 1999)*

HABEN, HABEN

In ganzen Sätzen konnte der kleine Kerl noch nicht sprechen, der da mit seiner Mutter vor der Kasse im Supermarkt wartete. Aber er wusste genau, was er wollte: »Haben, haben«, krähte er und schwups hatte er sich die Schokolade geangelt, die verkaufsfördernd in Kinderwagenhöhe im Regal prangte.

»Haben, haben«, krähte der Kleine und hielt das Objekt seiner Begehrlichkeit strahlend in den Händchen. Die Mutter strahlte weniger. Man sah förmlich, welche

Gedanken ihr durch den Kopf schossen. Kaufen oder standhalten? Ruhe an der Kasse oder Theater? Ein konsequenter Erziehungsversuch oder eine pragmatische Investition?

Die Schlange der Wartenden an der Kasse war lang – der Kleine bekam seinen Willen.

»Haben, haben«, krähte der Kleine. Wir Erwachsenen sind nicht so direkt. Wir sind dezenter, wir handeln subtiler. Wir beobachten genau, was andere sich leisten: Wohnung und Haus, Möbel, Kleidung, Auto, Urlaub. Es wird nicht nur beobachtet, es wird auch darüber geredet. Manchmal in scheinbar absichtslosen Nebensätzen, die aber sehr gezielt treffen sollen. Uralte Mechanismen kommen dabei zu Tage. Was man sich selbst nicht leisten kann, wird beim anderen kritisiert, herabgesetzt, madig gemacht. Die Angst, zu kurz zu kommen, scheint tief in uns verwurzelt zu sein.

Es geht vielen mit dem Besitz so wie beim Essen im Restaurant: Immer die anderen scheinen das bessere Gericht, die größere Portion, den schnelleren Service zu haben.

Die Bibel überliefert eine fast 3 000 Jahre alte Geschichte vom Haben-Wollen. Ahab, der König von Israel, war ein erfolgreicher, ein wohlhabender Mann. Er hatte alles. Es fehlte ihm nichts – so könnte man meinen. Da fiel sein Blick eines Tages auf das Nachbargrundstück. Es stach ihm förmlich in die Augen. Mit diesem Grundstück ließe sich der Palastgarten vorzüglich abrunden. »Das Grundstück will ich, das Grundstück muss ich haben.« Was aber, wenn der Eigentümer, ein kleiner Weinbauer, nicht verkaufen will?

Zuerst wird der König krank vor Ärger. Neid und Begierde nagen eben an der Seele, nicht nur vor 3 000 Jahren. Dann spinnt er gemeinsam mit seiner Frau eine tödliche Intrige. Mit Hilfe bestochener Zeugen wird dem Weinbauern der Prozess gemacht. Er wird zum Tode verurteilt und hingerichtet. Der König nimmt den Weinberg in Besitz. Er ist am Ziel. Er hat alles, was er will.

Ist das nur eine alte Geschichte? Gewiss nicht. Etwas abgewandelt können wir sie täglich erleben. Nicht umsonst enden die Zehn Gebote mit der Mahnung: »Du sollst nicht begehren!«

Die Werbung ruft uns jedoch zu: »Du sollst begehren.« Im Haben liegt die Erfüllung, da kannst du frohen Herzens genießen.

»Du sollst nicht begehren!« Die Bibel weiß: Habgier und Frieden schließen einander aus, ebenso wie Habgier und Freiheit.

»Du sollst nicht begehren« heißt: Setze deine Freiheit nicht aufs Spiel.

Nachdem sie einige Jahre miteinander durch das Land gezogen waren, fragte Jesus einmal seine Jünger: »Habt ihr je Mangel gehabt, als ich euch ausgesandt habe ohne Geldbeutel, Tasche und Schuhe?« Und die verblüffende Antwort der Jünger lautete: »Niemals!«

Eine nachdenkenswerte Antwort des Glaubens.

(7. 7. 2000)

DEM LEBEN ABGESCHAUT

HEILIGTÜMER

Vor kurzem fand sie statt – eine Ausstellung von Heiligtümern. Junge Leute sollten Gegenstände mitbringen, zu denen sie eine besondere Beziehung haben. Viel Originelles wurde zusammengetragen:

Ausgelatschte Turnschuhe zum Beispiel, ein pinkfarbenes Fahrrad, Kuscheltiere, ein zerschlissener, verwaschener Stoffbeutel, der nur noch eine vage Erinnerung an eine Sporttasche zulässt, eine alte Gitarre, ein zerlesenes Buch.

Heiligtümer? Heiligtümer! Viele hatten ihre Heiligtümer zur Ausstellung beigesteuert. Dinge, die ihnen wichtig geworden sind, an die man Erlebnisse und Erinnerungen knüpft, die dadurch irgendwie zu einem selbst gehören.

Eigentlich sind solche Gegenstände wertlos. Jeder andere würde sie wohl wegwerfen. Aber ihren Wert bekommen die Heiligtümer durch die Verbindung, die sie herstellen. Der Typ mit den Turnschuhen hatte viel mit ihnen erlebt. Persönlicher Rekord beim Hundertmeterlauf, ferne Reisen, ein heißes Rockkonzert. Überall hatte er sie an. Er musste sie vor dem Zugriff seiner ordnungsliebenden Mutter schützen – weil sie ihm eben heilig sind!

Oder die Gitarre. In manchem Urlaub war sie mitgefahren. Inzwischen hatte sie allerlei Kratzer. Nur mit Mühe war sie noch zu stimmen. Aber an der alten Gitarre hingen viele gute Erinnerungen.

Heilig – das Wort kenne ich auch aus der Bibel. Was nennt die Bibel heilig? Heilig ist zuallererst Gott allein. »Ich bin Gott und nicht ein Mensch, und ich bin der Heilige unter dir.«

Gott grenzt sich also ab. Er ist unantastbar, mächtig. Er ist zu fürchten und zu ehren. Er ist Herr und Gott. Gott ist heilig. Darum ist auch heilig, was ihm gehört, was er für sich in Anspruch nimmt. Heilig ist, was für Gott wichtig ist, was er in seinen Dienst holt.

Heilig sind auch seine Menschen. In einem kleinen Brief im Neuen Testament – dem ersten Petrusbrief (2,9) – steht der schöne Satz:

»Aber ihr seid anders, denn ihr seid ein auserwähltes Volk. Ihr seid eine königliche Priesterschaft, Gottes heiliges Volk, sein persönliches Eigentum.«

Geschrieben sind diese Sätze ursprünglich an Menschen, von denen die meisten für den Lauf der Geschichte keine Rolle spielten. In den Zentren der Macht kannte man ihre Namen nicht. Sie waren bedeutungslos, leicht zu übersehen. Wenn sie nicht da wären, würde den meisten Menschen nichts fehlen. Sie besaßen keinerlei gesellschaftliche Rechte. Und dennoch wurden sie *heiliges Volk* genannt.

Heilig ist, wer eine feste Beziehung zu Gott hat. Gott macht heilig, nicht der Mensch. So gesehen hat das Heilig der Bibel mit der eben erwähnten Ausstellung von Heiligtümern gar nichts zu tun – oder doch? Wir Menschen haben unsere Heiligtümer. Die lieben wir und die würden wir nicht hergeben. Mit ihnen haben wir eine Geschichte. Oder wir verbinden schöne Erlebnisse mit ihnen.

Für den einen sind es die Turnschuhe, für den nächsten ein zerlesenes Buch, für den Dritten ist es die Gitarre. Unsere Heiligtümer gehören zu uns, auch wenn sie für andere Menschen wertlos sind.

Gott hat seine Geschichte mit uns Menschen. Wir sind ihm wichtig. Er hat uns zu seinem Eigentum, zu seinem Heiligtum gemacht. Er hat uns lieb und gibt uns nicht auf. Er hält an uns fest. Wir sind sein Heiligtum. *(28. 4. 1994)*

WIEDER IN DIE KIRCHE EINTRETEN

»Ich bin mit einem Bereich wieder in Kontakt gekommen, den ich lange aus meinem Leben ausklammern wollte«, erzählt die junge Frau. »Ich habe ein Stück meines Lebens bereinigt, und das ist ein schönes Gefühl.«

Die 36-jährige Verwaltungsexpertin ist vor einiger Zeit wieder in die Kirche eingetreten. Ein konsequenter Schritt. Er hatte verschiedene Gründe. Da waren Gespräche über den Glauben und persönliche Erfahrungen, die zu dieser Entscheidung beigetragen haben.

Für den Maschinenbauer Peter T. war ein spezielles Erlebnis der Anlass, über sein Verhältnis zum Glauben und zur Kirche neu nachzudenken. Er hatte eine nichtkirchliche Beerdigung miterlebt. Zurückgeblieben ist für ihn die Erfahrung innerer Leere. Darüber hat er mit Freunden geredet. Ergebnis: Es gibt eigentlich keinen Grund, nicht in der Kirche zu sein. Seine Erfahrungen nach dem Wiedereintritt: »Man lernt eine Menge Leute kennen, wenn man sich am Gemeindeleben beteiligt.«

Die Lehrerin Ingrid L. trat vor vielen Jahren aus der Kirche aus, weil sie sich über den Pastor ihrer Gemeinde geärgert hatte. Jahre später zog sie um. An ihrem neuen Wohnort bekam sie per Zufall Kontakt zu einer aktiven Frauengruppe in einer lebendigen Gemeinde. »Die wussten lange gar nicht, dass ich ausgetreten war. Ich bin sogar gelegentlich zum Gottesdienst gegangen.«

Ihr Entschluss, wieder in die Kirche einzutreten, reifte langsam, stand dann aber umso fester. Heute fügt sie nachdenklich hinzu: »Wenn man älter wird, verändern sich manche Einstellungen.« Nachdenken über den Glauben, die Begegnung mit Menschen, die in der Kirche engagiert sind – die Anlässe, die das Thema Glaube und Kirche wieder ins Blickfeld bringen, können sehr verschieden sein. Zwischen Anlass und Entscheidung vergeht meist einige Zeit. Ein neues Verhältnis zum Glauben und zur Kirche lässt sich schließlich nicht übers Knie brechen. Mancher Zweifel begleitet die neue Orientierung: Will ich wirklich zur Kirche gehören?

Reicht nicht einfach mein persönlicher Glaube? Will ich eine Institution unterstützen, an der ich auch manches auszusetzen habe?

Im Bereich der evangelischen Kirche beantworten pro Jahr etwa 60 000 Menschen diese Frage mit Ja. Tendenz steigend. Sie meinen, dass Glaube mehr sein sollte als eine Privatsache, die man mit sich und mit seinem Gott im stillen Kämmerlein abmacht. Mit ihrem Eintritt drücken sie aus: Der christliche Glaube braucht die Gemeinschaft mit anderen Christen. Dafür ist die Kirche da. Damit die Wahrheit des Glaubens einen Raum in unserer Gesellschaft hat. Dort erleben sie, dass sie mit ihren Fragen und Zweifeln, mit ihrem Versagen nicht allein sind. Die Kirche ist ja nicht der Verein der besseren Menschen. Es spricht nicht gegen die Kirche, dass es dort auch manchmal menschlich-fehlerhaft zugeht. In ihr versammeln sich Menschen, die auch ihre eigenen Schwächen kennen.

Die Kirche freut sich über jeden Menschen, der sich für den Glauben interessiert. Ihr Pastor oder Ihre Pastorin wird gern mit Ihnen über Ihre Fragen sprechen. Der christliche Glaube muss entdeckt werden. Er macht lebendig und befreit. Sicher werden Sie die Erfahrung machen, dass die Kirche oft ganz anders ist, als Sie es sich vorgestellt haben. Offen und vielfältig. Genau das, was Sie eigentlich möchten. *(10. 6. 1998)*

GEBT IHR IHNEN ZU ESSEN

Ich erinnere mich gut an einen Besuch in Brasilien. In den Slums von São Paulo sind bettelnde Kinder um mich herum. Abgerissene Kleidung, verdreckte Haare. Ohne Schuhe. Manche von ihnen sind mit ihren Familien aus dem Nordosten des Landes gekommen, weil die Eltern hofften, in der Stadt eine Arbeit zu finden. Hunderte von Kilometern haben sie hinter sich gebracht, um hierher zu kommen. Andere Kinder sind allein gekommen. Sie wissen nicht einmal, ob ihre Eltern überhaupt noch leben oder ob sie längst tot sind. Eine Schule haben diese Kinder nie von innen gesehen. Wie oft sie abends hungrig in irgendeiner Hausecke einschlafen, weiß keiner. Soll ich ihnen etwas Geld geben, damit sie sich eine Mahlzeit kaufen können? Aber wenn ich *einem* von ihnen etwas gebe, kann ich sicher sein, dass sich zwanzig andere Kinder direkt danach auf mich stürzen, um auch etwas zu bekommen.

Eine Sozialversicherung gibt es nicht. Auch keine Krankenversicherung. Die Versuche ausländischer

Hilfsorganisationen oder der Kirchen, diesen Straßenkindern zu helfen, sind wie ein Tropfen auf den heißen Stein. Aber: Es ist ein Tropfen! Und: Ein Tropfen auf den heißen Stein kann der Anfang eines Regens sein.

Viele Kinder sterben an den Folgen von Hunger, Krankheiten und Unterernährung, ohne dass es irgendeinen aufregt. Das ist ein Stück der Realität auf dem Planet Erde heute.

»Unser tägliches Brot gib uns heute«, so lautet eine Bitte im Vaterunser, dem Gebet, das Jesus seiner Gemeinde gegeben hat. Jesus wollte mit dieser Bitte ganz sicher nicht zum Egoismus verleiten – nach dem Motto: Hauptsache, wir haben genug, dann können uns die anderen egal sein.

Als eine große Menge Menschen Jesus in die Wüste gefolgt war, sagte er zu seinen Freunden: »Gebt ihr ihnen zu essen!« Jesus ist es nicht egal, ob Menschen verhungern. Seine Sorge gilt dem Wohlergehen *aller* Menschen.

Im gleichen Gebet lehrt er zu beten: »Dein Reich komme, dein Wille geschehe!«

Wenn Gottes Reich kommt, ist für alle genug da. Wenn sein Wille geschieht, wird keiner mehr seinem Nächsten die notwendigen Lebensmittel vorenthalten. Da wird es keine Regierung mehr geben, die verhindert, dass die Bürger des Landes überleben können. Wo Gott die Herrschaft hat, herrschen Friede und Gerechtigkeit.

»Unser tägliches Brot gib uns heute!« Viele Menschen in unserem Land haben viel mehr, als sie zum Leben brauchen. Manche üben von Zeit zu Zeit bewusst Verzicht. Es ist eine lohnenswerte Sache, ab und zu bewusst auf das tägliche Brot zu verzichten, damit andere etwas zu essen haben. Statt gemeinsam in die Pizzeria zu gehen, sammelt eine Jugendgruppe z. B. das Geld, das sie dort ausgegeben hätte und spendet es für Straßenkinder in den Hungergebieten Asiens, Afrikas oder Südamerikas. Andere verzichten bewusst aufs Rauchen oder auf den Alkohol oder auf Süßigkeiten. Manche sind sehr erstaunt, wie viel Geld sie dadurch einsparen und spenden können.

Glaube muss praktisch werden. Es reicht nicht aus, sich darüber aufzuregen, wie viel Ungerechtigkeit in dieser Welt herrscht. Große Worte genügen nicht, und gute Vorsätze machen keinen Menschen satt. Den Vorsätzen müssen Taten folgen. Die Armen haben meist keine mächtigen, einflussreichen Freunde und keine Lobby, die für sie kämpft. Jesus sagt: »Gebt ihr ihnen zu essen!« Was hindert uns eigentlich daran?

(2. 3. 1999)

SCHENKEN

»Haben Sie schon alle Geschenke?« Eine oft gestellte Frage vor Weihnachten. Fast so etwas wie ein Stoßseufzer. Schenken scheint schwierig zu sein.

»Was soll denn der gegenseitige Austausch von Geschenken«, so höre ich immer öfter, »man setzt sich doch nur unter Druck. Weil du mir im letzten Jahr so etwas Teures geschenkt hast, muss ich jetzt auch ... Den Stress ersparen wir uns. Wir lassen das mit den Geschenken ganz sein.«

Immer mehr Menschen denken so und handeln entsprechend. Es gibt keine Geschenke mehr zu Weihnachten. Kein Paket mehr unter dem Weihnachtsbaum. Alles abgeschafft. Den Stress ersparen wir uns!

Ich habe die Vermutung, dass es um mehr geht als um ersparten Stress. Sind wir nicht dabei, das Schenken überhaupt und das Sich-beschenken-Lassen zu verlernen? Natürlich kann das Schenken zum bloßen Warenaustausch verkommen. Wie du mir, so ich dir – zum gleichen Preis-Leistungs-Verhältnis. Aber bin ich denn gezwungen, so zu handeln? Was hindert uns, einfach »danke« zu sagen? Was hindert uns, ganz ohne Berechnung zu schenken? Da liegt für mich der Kern des Problems. Sich beschenken lassen heißt ja: Jemand gibt mir etwas umsonst, weil er mir eine Freude machen will, weil er mich mag – ganz ohne weitere Hintergedanken. Ist es uns peinlich, so beschenkt zu werden? Haben wir Angst, ein Geschenk würde uns in Abhängigkeit bringen?

Spielen wir lieber die Starken, die sich nichts schenken lassen, weil sie alles allein auf die Reihe bekommen? Verdächtig oft höre ich nicht nur ältere Menschen sagen: »Mir ist auch nichts geschenkt worden!«

Allerdings: In den meisten Fällen stimmt dieser Satz nicht. Es ist doch so, dass uns fast alles Wichtige im Leben geschenkt wird: das Leben selbst, die Liebe der Eltern oder des Partners, das schöne Wetter, die gute Laune.

Von Leistung und Gegenleistung allein können wir nicht leben. Geschenke annehmen können und selbst schenken – das ist lebenswichtig.

Ich lerne das immer wieder bei Gott: Ich bin geliebter, als ich es mir träumen lasse, geliebter, als Menschen es mir zeigen. Und vor allem: geliebter, als ich es verdient habe! Ein unglaubliches Geschenk. Ich musste erst lernen, dieses Geschenk anzunehmen. Aber nun lebe ich von diesem Geschenk: »Danke, guter Gott, dass du mich mit deiner Liebe beschenkst. Lass mich jetzt auch lernen anzunehmen, was andere Menschen mir schenken!«

Die Frage, ob mein Geschenk wohl ankommt, erledigt sich in einem Fall fast von selbst: wenn in meinem Geschenk Liebe drin ist. Wenn es mit Liebe ausgesucht wurde.

Wenn der Beschenkte das Geschenk dann zurückweist, tut es besonders weh. Weil meine Liebe damit zurückgewiesen wird. Etwas mit Liebe schenken bedeutet immer Wagnis und Risiko.

An Weihnachten ist Gott dieses große Risiko eingegangen. Das Kind Jesus im Stall von Bethlehem, Gottes großes Geschenk für alle Welt. Mit diesem Geschenk lässt Gott sich ins Herz schauen. Wir können sehen, wie sehr er uns liebt.

Und da wollen wir das Schenken abschaffen, wenn wir so beschenkt sind? *(20. 12. 1999)*

SEGNE UNSER TUN UND LASSEN

Vor einiger Zeit hörte ich die Geschichte von einem Schuster aus einem Bergdorf in Peru: Ein Forscher hatte sich bei Ausgrabungsarbeiten im Geröll einer alten Inkastadt die Schuhe so zerfetzt, dass er schließlich wohl oder übel einen Schuster aufsuchen musste. Er ritt also los und fand am dritten Tag einen. Der Schuster saß vor seiner Hütte und ließ sich die milde Abendsonne auf den Kopf scheinen. Der Forscher zeigte ihm die Schuhe. Der Schuster betrachtete sie eingehend und sagte nach einer Weile: »Sie sind kaputt!«

Der Forscher entgegnete geduldig: »Würden Sie so gut sein und sie mir flicken?«

»Einen Augenblick«, rief der Schuster mit einer leichten Kopfbewegung ohne sich anzustrengen in seine Hütte hinein: »Alte, wie viel Geld haben wir noch?«

Dann rumorte es im Haus. Eine Schranktür wurde geöffnet. Ein Kastendeckel klappte. Dann vernahm man das bekannte und beliebte Geräusch des Geldzählens. Endlich kam die Antwort: »Siebzehn Pesos!« Über die bis dahin unbewegliche Miene des Schusters ging ein schmerzliches, bedauerndes Lächeln. Er zuckte die Schultern und sagte mit aller Höflichkeit: »Kommen Sie doch etwa in sechs Wochen noch einmal wieder. Sie werden verstehen, wenn wir noch so viel Geld haben, kann ich jetzt nicht arbeiten!«

Eine törichte Geschichte, war mein erster Einfall. Wenn das Geld für heute reicht, was ist dann morgen und übermorgen? Gelegenheiten muss man doch beim Schopfe packen. Die Kundschaft steht schließlich nicht Schlange. Wie kann sich diese Familie es nur gefallen lassen, dass der Ernährer faulenzt? Müßigkeit ist aller Laster Anfang! Wirklich eine törichte Geschichte!

Wirklich?

Keine Sorge, ich will sie uns nicht zur Nachahmung empfehlen. Sie hat jedoch etwas Herausforderndes. Könnte es für mein Leben nicht manchmal Gewinn bringender sein, etwas zu lassen, als etwas zu leisten?

Viele Menschen klagen: Ach, wenn ich mal zur Ruhe finden könnte. In den Ruhepausen entdecken sie Dinge, die die Ruhe erst gar nicht aufkommen lassen.

Nicht nur der berufstätigen Frau fällt die liegen gebliebene Arbeit ein, die Fenster z. B., die dringend geputzt werden müssten. Die unerledigte Post, der dringende Anruf. Unerledigtes meldet sich zu Wort, vertreibt die Ruhe.

In einem alten Kirchenlied bittet die Gemeinde Gott um seinen Segen. Sie singt: »Segne unser täglich Brot, segne unser Tun und Lassen!«

So kann wohl auch auf dem Lassen Segen liegen. Es kann frei und fröhlich machen.

Manchmal sollten wir wirklich das Lassen lernen. Wir müssen ja nicht gleich zum peruanischen Schuster werden. *(30. 5. 2001)*

IN GOTTES HÄNDE GEZEICHNET

Zu den bleibenden Erinnerungen aus meiner Schulzeit gehören die Klassenarbeiten in Mathematik. Mathematik war nicht mein Fach. Ich pendelte immer zwischen einem guten Mangelhaft und einem schwachen Ausreichend. Es fehlte wohl am Fleiß und am Verständnis. Woran es im Wesentlichen lag, darüber gingen die Urteile meiner Eltern, meiner Lehrer und mein eigenes weit auseinander. Jedenfalls musste ich mir für die Klassenarbeiten schon etwas Besonderes einfallen lassen. Wenn man die Formeln nicht im Kopf hatte, ein Spickzettel zu gefährlich war, was dann?

Ich bin damals auf die Idee gekommen, mir die Formeln mit dem Füller in meine Hand zu schreiben. Alles, was ich mir in meine Hand geschrieben hatte, war mir ständig und sofort vor Augen. Dort war jede Information sicherer aufgehoben als auf dem besten Spickzettel. Die Sache hatte nur einen Nachteil. Wenn ich vor Aufregung ins Schwitzen kam und die Hände langsam feucht wurden, zerflossen die Formeln bis zur Unkenntlichkeit. Meine Idee war wohl doch nicht der Weisheit letzter Schluss.

Beim Studium der Bibel bin ich auf einen Vers gestoßen, der mit einem ähnlichen Bild arbeitet. Da bringt sich Gott seinem Volk in Erinnerung und sagt (vgl. Jesaja 49,16):

»Ich vergesse dich nicht! Ich habe dich unauslöschlich in meine Hände eingezeichnet!«

Was war passiert? Gottes auserwähltes Volk war nach einem verlorenen Krieg ins Exil getrieben worden. Die Situation der Menschen ist hoffnungslos. Sie klagen über die schlechte Gegenwart. Sie erinnern sich an bessere, vergangene Zeiten. Hoffnung war ein Fremdwort geworden in einer gottverlassenen Gegend. Hatte Gott sie aus den Augen verloren und völlig vergessen? Er aber lässt ihnen ausrichten:

»Ich vergesse dich nicht! Ich habe dich unauslöschlich in meine Hände gezeichnet!«

Gott hat mich vor Augen. In seinen Händen verschwimmt nichts. Da zerfließt nichts. Da vergeht nichts. Ich kann ihm nicht aus dem Blick geraten. Meine Belange liegen in guten Händen.

Ist das nicht zu bildhaft, zu menschlich von Gott geredet? Das mag wohl sein. Aber da gibt es einen Punkt, wo alles Bildhafte und Symbolische aufhört, wo die Sache mit den Händen Gottes menschlich fassbar wird. Dort, wo Gottes Handeln seinen Anfang, seine Mitte und sein Ziel hat. Gottes Hände sind die Hände von Jesus Christus. Die Hände, mit denen er die Kinder gesegnet hat. Die Hände, mit denen er Kranke angerührt und geheilt hat. Die Hände, die das Kreuz getragen haben. Hände, die halten, wenn unsere Hoffnungen zerbrechen, unsere Zukunft zerfließt, unsere Zeit verrinnt.

»Ich habe dich unauslöschlich in meine Hände eingezeichnet. Ich vergesse dich nicht!«   *(31. 5. 2001)*

EINEN FIXPUNKT MUSS DER MENSCH HABEN

Eine gute Bekannte hat einen Bandscheibenschaden. »Ich hab's wieder im Kreuz«, sagt sie, wenn wir uns begegnen. Sie braucht es eigentlich gar nicht zu sagen – man sieht es an ihrem Gang. Neulich trafen wir uns, als sie von ihrer Physiotherapeutin kam. Die hatte ihr einen guten Rat gegeben: »Schreiben Sie auf einen Zettel das Wort ›aufrecht‹ und heften Sie ihn an die Wand gegenüber von Ihrem Schreibtisch. Jedes Mal, wenn Sie den Zettel sehen, richten Sie sich auf. Denn einen Fixpunkt muss der Mensch haben, sonst sackt er in sich zusammen.«

»Einen Fixpunkt muss der Mensch haben!« Den Satz habe ich behalten.

Zum Beispiel Karfreitag. Christen erinnern sich an diesem Tag an das Leiden und Sterben von Jesus Christus. Der gekreuzigte Jesus Christus, der cruzifixus, der Fixpunkt des Glaubens. Wer zu ihm aufblickt, wird aufgerichtet. In einem neueren Lied (von Manfred Siebald) heißt es:

»Und alles das, was du noch heut am Halse hast, das nagelte man da am Kreuze mit ihm fest. Denn dein Versagen hing an ihm und deine Last; du wirst sie los sein, wenn du sie ihm überlässt. Das ist da am Kreuz passiert. Da wird es garantiert, dass, wenn du willst, dich von Gott nichts mehr trennt. Das ist da am Kreuz geschehn, und das kann jeder sehn, wenn er in Jesus den Sohn Gottes kennt.«

Was kann in Zukunft mein Leben tragen? Wo bin ich geborgen mit meiner Angst? Der Glaube vernimmt im Leiden und Sterben von Jesus Christus die Antwort. Wir sind in allen Stürmen des Lebens gehalten, wenn wir uns von den Armen des Gekreuzigten halten lassen. Unsere Leiden und unsere Angst werden von ihm mitgetragen. Unsere Defizite nimmt er auf sich. Nicht was wir leisten und vollbringen, sondern was er vollbracht hat, lässt uns mit Hoffnung leben und im Frieden sterben.

»Einen Fixpunkt muss der Mensch haben, sonst sackt er in sich zusammen.«

Ich erinnere mich an ein Mädchen, das immer ein Kreuz an einer Kette um den Hals trug. Ich konnte beobachten, wie sie in einer sehr schwierigen Situation nach dem Kreuz griff, als wollte sie sich daran festhalten. Eine gedankenlose Reflexhandlung? Oder Ausdruck des Glaubens? Ich weiß es nicht, aber das Bild hat sich mir eingeprägt. Mich am Kreuz, am Mitleiden Gottes festhalten, wenn mich das eigene Leiden niederdrücken will – das möchte ich lernen. Jeden Tag neu – ein ganzes Leben lang.

Jesus Christus, der Gekreuzigte, ist der Fixpunkt des Glaubens. Ein Fixpunkt, der im hellen Licht des kommenden Ostermorgens strahlt. Das Leben siegt über den Tod. Schöne Aussichten. Sollten Gebeugte da nicht aufrecht gehen können? *(19. 4. 2003)*

FEIERTAGE

PAUSENZEITEN

Eine Fabel erzählt: An einem Tag kommen die Tiere unter einem Baum zusammen, beratschlagen und sprechen: Wir wollen wie die Menschen einen Sonntag haben!

Ein Tier fragt: »Was macht denn den Sonntag zum Sonntag?«

Jedes Tier gibt eine andere Antwort.

Der Löwe meint: »Wenn ich eine Gazelle verspeise, ist für mich Sonntag.«

Das Pferd sagt: »Wenn ich stundenlang Auslauf habe auf einer weiten Koppel, dann ist für mich Sonntag.«

Das Schwein grunzt: »Wenn ich in einer Dreckmulde sitze und Eicheln verspeise, dann ist für mich Feiertag.«

Das Faultier gähnt: »Ich muss an einem Ast hängen und schlafen.«

Der Pfau prahlt: »Sonntag ist für mich dann, wenn ich einen Satz neuer Schwanzfedern erhalte.«

Da kommen Menschen vorbei, hören das Gespräch der Tiere und lachen.

Aber was macht denn den Sonntag tatsächlich zum Sonntag?

Ein gutes Essen? Ein ausgedehnter Spaziergang? Ein langer guter Schlaf? Wie finden Sie zur Ruhe?

Es gibt Menschen, die geraten vom Berufsstress zum Freizeitstress. Wenn sie ausruhen, haben sie ein schlechtes Gewissen. In der Woche ist es die Arbeit, am Wochenende der Wochenendstress, der nicht zur Ruhe kommen lässt. Pausenlos eingespannt in den Vergnügungskonsum. Andere werden vom Sonntagssyndrom befallen. Das Wort stammt aus der medizinischen Fachsprache und bezeichnet Kopfschmerzen, Erbrechen, elendes Gesamtbefinden. Manche werden davon befallen, weil der gewohnte Stress der Woche fehlt.

Eine Frau sucht ihren Mann. Schließlich findet sie ihn. Er liegt ausgestreckt auf dem Sofa. Sie fragt ihn: »Was machst du? Du arbeitest nicht. Du liest nicht. Du hörst keine Musik. Du gehst nicht spazieren.«

Er antwortet: »Ich reife.«

Wir schmunzeln über diese Begebenheit. Der Mann hat entdeckt, dass die Pausenzeiten die notwendigen Reifezeiten im Leben sind. Er braucht diese Zeiten, um einmal alles aus der Hand zu legen: den Beruf und den Haushalt, Termine und Hetze, Verpflichtungen und Sorgen.

Um uns herum klagen Menschen: Ach, wenn ich endlich mal zur Ruhe und zu mir selbst finden könnte! Gleichzeitig tun sie alles, um nicht mit sich selbst allein sein zu müssen.

Gerade in Ruhepausen entdecken wir auch Dinge,

die uns unsere Ruhe rauben. Da melden sich z. B. Fragen zu Wort: Was habe ich versäumt und vergessen? Wofür rackere ich mich ab? Was ist wirklich wichtig? Wovon lasse ich mich beeinflussen? Wohin treibe ich?

Ein ständiger Aufenthalt im Betrieb macht betriebsblind. Manchmal müssen wir vertraute Orte verlassen, um in Ruhe aus der Distanz Dinge zu betrachten und wieder zu uns selbst zu finden.

Der Sonntag will uns dabei als heilsame Unterbrechung des Alltags helfen.

Der Sonntag ist nach christlicher Tradition der erste Tag der Woche. Das bedeutet: Gott stellt uns nicht zuerst an die Arbeit. Er gibt uns vielmehr frei. Der Sonntag – Tag der Menschenfreundlichkeit Gottes. Gott ruht aus. Er freut sich an seinen Werken und lädt uns ein mitzufeiern.

Jeden Sonntag ist in christlichen Gemeinden Gottesdienst. Da kann das Feiern praktisch werden. Sonntag feiern heißt: Atem holen für die neue Woche. Was bräuchten wir mehr in einer durch Atemlosigkeit gekennzeichneten Zeit? Wer so Atem holt, spürt, was den Sonntag zum Sonntag macht. *(30. 4. 1994)*

WELTGEBETSTAG

Kennen Sie den Weltgebetstag der Frauen? Seit über 100 Jahren treffen sich an jedem ersten Freitag im März weltweit Frauen zum Gebet. Informiertes Beten und betendes Handeln kennzeichnen die Weltgebetstagsbewegung. Die Anfänge gehen auf das Jahr 1887 zurück. Große Ströme von Menschen zogen damals in die USA in der Hoffnung, dort Arbeit und Lebensmöglichkeiten zu finden. Stattdessen fanden sie Arbeitslosigkeit, schlechte Wohnungen und Elend vor. Es musste etwas geschehen, damit sie nicht resignierten, sondern Mut fassten, nicht gegeneinander, sondern miteinander neue Wege suchten.

Eine Frau, Mary Ellen James, Vorsitzende für Innere Mission in der presbyterianischen Kirche und Mutter von sieben Kindern, beschäftigte diese Spannung sehr. Was konnte man tun? Wie die Verhältnisse ändern? Zusammenstehen, die Situation bedenken, miteinander neue Lebensmöglichkeiten suchen – darin sah sie eine Herausforderung. Und sie nahm sie an. Von ihr heißt es: »Sie ließ sich selten von den Verhältnissen zurückhalten, wenn sie der Meinung war, diese müssten geändert werden.«

So rief sie einen jährlichen Gebetstag aus. Ihre Anregung fand rasch ein positives Echo. Die Frauen der presbyterianischen Kirche fanden sich zum Gebet zusammen, bald schlossen sich auch Frauen anderer Kirchen an.

Kurz darauf kam dieselbe Anregung von zwei anderen amerikanischen Frauen. Sie hatten für die Baptistenkirche in Asien gearbeitet. Die schwierige Situation asiatischer Frauen forderte sie heraus. Sie waren sicher, dass die bisherige Erziehung und Bildung diese Frauen zu wenig ausgerüstet hatten, um in Zukunft die vielen Aufgaben bewältigen zu können.

Die beiden Gebetstage wurden zunächst getrennt gefeiert – im Jahr 1919 dann zusammengelegt zum heutigen Weltgebetstag.

Wie ein Lichtsignal, das von Berg zu Berg weitergegeben wird, verbreitete sich der jährliche Gebetstag. In Europa wurde der Weltgebetstag zuerst durch die Frauen der Freikirchen bekannt. Nach dem Zweiten Weltkrieg fand er Resonanz auf breiter Basis. Meist waren es Frauengruppen am Ort, die ihn feierten. Das gemeinsame Gebet und die Begegnung mit Frauen anderer christlicher Gemeinden machten ihn für viele Frauen zu einem unverzichtbaren Tag.

Heute wird der Weltgebetstag in 170 Ländern der Erde gefeiert. Ein Zeichen gelebter Ökumene. Frauen aller Konfessionen laden ein, mit ihnen diesen Tag zu feiern.

»In jedem Jahr wachse ich ein Stück«, sagt eine Frau. »Die Horizonterweiterung, die ich durch den Weltgebetstag erfahre, ist für mich eine große Bereicherung.«

Die Gottesdienstordnung wird immer in einem anderen Land, auf einem anderen Kontinent, entworfen. Für den Weltgebetstag 1999 z. B. haben Frauen aus Venezuela die Gebetsordnung erstellt. In vielen Gemeinden hat es Informationsveranstaltungen als Vorbereitungen zum Weltgebetstag gegeben. Dabei ging es um Informationen über Land und Leute, über die Geschichte Venezuelas und die wirtschaftliche Entwicklung, über die Religion und die Situation der Frauen.

Der erste Freitag im März ist Weltgebetstag der Frauen. Informiert beten und betend handeln. Sie sind eingeladen!

Übrigens: Informiert beten und betend handeln ist nicht nur eine Sache von Frauen! *(5. 3. 1999)*

JESUS CELEBRATION 2000

»Es begab sich aber zu der Zeit, dass ein Gebot von dem Kaiser Augustus ausging ...«

So beginnt in der Bibel die Weihnachtsgeschichte. Eine Geschichte mit Auswirkungen bis heute. Wir haben sogar unsere Zeitrechnung danach eingeteilt: vor Christi Geburt – nach Christi Geburt.

Weihnachten feiern heißt Geburtstag feiern.

Die Evangelische Kirche im Rheinland und die Evangelische Kirche von Westfalen haben sich dazu an der Schwelle zum Jahr 2000 eine ganz besondere

Geburtstagsfeier einfallen lassen. Am 2. Weihnachtstag hieß es in der Arena Oberhausen »Jesus Celebration 2000«. »Celebrate«, das heißt feiern. Eine musikalische Geburtstagsparty mit dem größten Musicalchor des Ruhrgebietes. Eintausend Sängerinnen und Sänger beim zweitausendsten Geburtstagsfest.

»Ewigkeit fällt in die Zeit« hieß das Pop-Oratorium, das dort präsentiert wurde. Musikalisch ist der Bogen weit gespannt. Klassik trifft auf Pop- und Gospelmusik. Vom Choralsatz bis zum Chartbreaker ist alles dabei. Einzelne Lebensabschnitte von Jesus werden mit Unterstützung von Tanz, Theater, Musik, Video und Interviews neu in Szene gesetzt.

Im letzten Lied heißt es: *»Komm, Heiliger Geist! Zeig uns, wer wir sind. Mach Gott wieder groß, uns wieder zum Kind. Geh uns voran, rühre uns an, mach uns Jesus zu folgen bereit. Dann fällt Ewigkeit neu in die Zeit.«*

Die beiden Präsides der rheinischen und der westfälischen Kirche – Manfred Kock und Manfred Sorg – hatten die Schirmherrschaft über die »Jesus Celebration 2000« übernommen.

»Wir erleben im Augenblick ja eine Bewegung hin zur so genannten Jahrtausendwende. Wir feiern in diesem Jahr einen besonderen Geburtstag. Wir feiern diesen Geburtstag jedes Jahr, aber in diesem Jahr feiern wir ihn besonders. Den Geburtstag unseres Herrn, des Lebendigen, in dessen Händen ja auch die Zeit liegt. Von daher ist es für uns als Kirche und für mich persönlich ein ganz besonderes Anliegen, die Verkündigung in das ganze Gerummel um die Jahrtausendwende hineinzubringen«, sagte z. B. Präses Manfred Sorg.

»Ewigkeit fällt in die Zeit« – wie der Titel des Oratoriums lautet – traf dabei eher die Sache auf den Kopf als die übrigen Millenniumsschlagworte.

Manfred Sorg: »Die Ewigkeit, die nicht nur als Zeitperspektive gedacht ist, sondern die für mich das endgültige Sein bei Gott bedeutet. Wenn Sie dieses Bild nehmen, meint das: Die Dimensionen der Zeiten, die wir erfahren, sind begrenzt. In diese begrenzten Zusammenhänge muss ein Stück dessen, was Gott ausmacht, was Ewigkeit, was nicht in die Grenze unserer Existenz hineinpasst, vermittelt werden.«

(21. 12. 1999)

PFINGSTEN

An Pfingsten feiert die christliche Kirche Geburtstag. Feiern Sie mit?

Es begann vor fast zweitausend Jahren. Pfingsten in Jerusalem. Eine aufrüttelnde Predigt. Tausende sind erschüttert und fragen nach Gott. Dreitausend Menschen finden sich zu seiner Gemeinde zusammen. Viele öffnen ihre Häuser und laden Menschen ein, die sie vor drei Tagen noch nicht kannten. Leute aus aller Herren Länder. Kulturelle und ethnische Unterschiede trennen nicht mehr. Menschen geben ihren Besitz auf, um andere zu unterstützen. Begeisterung bricht sich Bahn. Ein Traum? Zu schön, um wahr zu sein?

Hinter dem Ereignis steht keine Kommunikationsidee, kein völkerverbindendes Projekt einer internationalen Hilfsorganisation. Gott selbst ist der Urheber dieses Wunders. Sein guter Geist bewirkt am Pfingsttag, dass Menschen sich untereinander verstehen, weil sie Gottes große Taten verstehen. Er bindet Menschen an sich und verbindet sie untereinander zu seiner Gemeinde. Er macht sie zu Brüdern und Schwestern, bereit abzugeben und zu teilen. Von Gottes Geist Bewegte gestalten ihr Leben miteinander, und sie gestalten die Welt.

Ein Traum? Zu schön, um wahr zu sein?

In der ersten Begeisterung waren alle glücklich. Am Anfang ist alles leicht. Aber mit der Zeit kommen die Probleme. Begeisterung weicht der Ernüchterung. Damals wie heute.

»Ja, früher ...«, sagt so manches Gemeindeglied, das ich zum Altengeburtstag besuche, »ja, früher.« Da schwingt Wehmut mit. Das klingt wie ein Nachruf. Nachrufe stehen immer am Ende. Danach kommt nichts mehr. Da ist nichts mehr zu erwarten. Da wird der Geburtstag zum Gedenktag. »Ja, früher!«

Aber an Pfingsten feiert die christliche Kirche Geburtstag. Ein Geburtstag ist mehr als ein Gedenktag.

Wer Geburtstag feiert, denkt nicht nur an das Gestern. Er freut sich am Heute und hofft auf morgen. Wer Pfingsten feiert, weiß, dass die Kirche ihre Zukunft nicht hinter sich hat. Wer Pfingsten feiert, freut sich an der Kirche mit Zukunft.

Das setzt ungeahnte Kräfte frei. Das führt zum Engagement. Das gibt Mut zu Veränderungen.

»Kleingläubig und in vorauseilender Skepsis haben wir es zu lange als unveränderbar angesehen, dass die Akzeptanz der Kirche weiter schwindet, der Traditionsabbruch weiter um sich greift und die Kirchenaustritte sich auf hohem Niveau stabilisieren werden«, so formuliert eine Vorlage zu Reformen in der Kirche, die in vielen westfälischen Gemeinden diskutiert wurde. Sie setzt einen entscheidenden Kontrapunkt: »Wir wollen wachsen gegen den Trend!« Daraus zieht sie vielfältige Konsequenzen für notwendige Veränderungen.

»Wenn der Wind des Wandels kommt, bauen die einen Dämme, die anderen Windmühlen.«

Ich möchte Windmühlen bauen, um den Wind, der uns ins Gesicht bläst, zu nutzen. Wir müssen allerdings die Flügel entsprechend ausrichten. Der Geist von Pfingsten muss hineinwehen. Wie das geschehen kann? Wenn viele Pfingsten feiern und beten: »Komm, Heiliger Geist, erneure deine Kirche und fange bei mir an.« *(2. 6. 2001)*

FEIERABEND

»Feierabend«, so hat Loriot eine seiner urkomischen und zugleich tiefsinnigen Szenen überschrieben. »Feierabend!« Der Mann sitzt im Wohnzimmer im Sessel und döst vor sich hin. Die Frau geht nebenan in der Küche fleißiger Hausarbeit nach. Durch den Türspalt entwickelt sich ein Dialog:

»Hermann.«
»Ja.«
»Was machst du da?«
»Nichts.«
»Nichts? Wieso nichts?«
»Ich mache nichts.«
»Gar nichts?«
»Nein.«
Die Sache eskaliert dramatisch. Der Dialog spitzt sich zu. Die Lautstärke steigt.
»Aber irgendetwas *machst* du doch?«
»Nein.«
Zum Schluss brüllen sich beide an:
»Warum schreist du mich so an?«
»Ich schreie dich nicht an!«

»Feierabend«, kann man da nur sagen.
Nichts tun – geht das eigentlich? Lauert da nicht gleich der Vorwurf der vertanen Zeit?
»Müßiggang ist aller Laster Anfang«, weiß der Volks-

mund. In den Verdacht will keiner geraten. Dagegen muss man doch etwas tun. Und wenn man nur Zerstreuung sucht.

In einer Sammlung moderner Gedichte fand ich ein bedenkenswertes Wort:

»Heute habe ich nichts gemacht.

Aber viele Dinge geschahen in mir.«

»Heute habe ich nichts gemacht.« Stehen wir arm da, wenn wir das sagen müssen?

Wir können nach außen hin, vor anderen, nichts vorweisen. Unser Tätigkeitsbericht vermerkt kein einziges Wort. Ein weißes, ein leeres Blatt. »Heute habe ich nichts gemacht.« Wie stehen wir da? Arm vor uns selbst? Mit leeren Händen, leerem Kopf und leerem Herzen?

»Aber viele Dinge geschahen in mir.« Vielleicht geschahen sie, weil wir nichts gemacht haben. Es sind Dinge, die man nicht machen kann. Man muss sie jedoch zulassen. Das kann ungemütlich werden. Denn wenn wir ruhig und still sind, treffen wir auf uns selbst. Da sind wir mit uns selbst allein. Das aber kann geradezu die Ruhe rauben. Da können sich Dinge zu Wort melden: Was habe ich versäumt? Was ist mir wirklich wichtig?

Das muss man aushalten können. Dafür muss man offen sein. Es könnte sein, dass uns dann auch Antworten geschenkt werden.

»Heute habe ich nichts gemacht. Aber viele Dinge geschahen in mir.«

Jede Woche gibt es einen Sonntag. Wir können uns für das Wirken des Geistes Gottes öffnen, damit vieles in uns geschieht. Der Gottesdienst bietet Gelegenheit dazu. *(10. 8. 2002)*

KARFREITAG

Im Jahr 1856 machten Forscher auf dem Palatin in Rom eine interessante Entdeckung. Als sie den Trümmerschutt aus einer alten römischen Kadetten-Anstalt entfernt hatten, fanden sie an der Wand ein Kreuz. Es war mit einem Nagel oder einem Messer primitiv in den Wandverputz eingeritzt. Ein Junge erhebt grüßend, betend seine Hand zum Kreuz hin. Am Kreuz hängt ein Mann. Aber sein Kopf ist ein Eselskopf. Darunter steht in ungelenken Buchstaben auf Lateinisch: »Alexamenos betet seinen Gott an!« Eine Karikatur, ein Spott-Kruzifix. Die Forscher glauben, dass die Zeichnung in der Zeit um 125 nach Christi Geburt entstanden ist. Eines der frühesten Bilder des Kreuzes. Aber ein Spottbild. Gott am Kreuz? Dieser Gott ist ein Esel, und wer ihn anbetet, ist es auch! Alles eine große Eselei?

Ist das die Bedeutung von Karfreitag? Die Christenheit gedenkt des Leidens und Sterbens von Jesus Christus am Kreuz. Der Weg des Jesus von Nazareth – eine einzige große Leidensgeschichte. In einem Arme-Leute-Stall wird er geboren. Kaum auf der Welt, wird er durch den Tyrannen Herodes zum Flüchtling gemacht. Er hat keinen Ort, wo er sein Haupt hinlegen kann. Angriffe, Anfeindungen, Morddrohungen begleiten seine kurze Wirksamkeit. Dann das Ende:

Verhaftung, Auspeitschung, Kreuzigung. Ein qualvoller Tod unter Schwerverbrechern. Und über allem steht der Satz: »Wer mich sieht, sieht Gott, meinen Vater im Himmel.« Wenn an diesem Satz etwas dran ist, dann wird im gekreuzigten Jesus Gott selbst in eine Leidensgeschichte unvorstellbaren Ausmaßes verwickelt. Gott bleibt nicht distanzierter Zuschauer des menschlichen Elends. Er lässt das Leiden nicht zu – er lässt sich selbst bis zur letzten Konsequenz auf unser Leiden ein. Das Gesicht des Gekreuzigten. Ein Leidensgesicht unter vielen. Und doch ein besonderes Gesicht. Denn in diesem Gesicht sieht Gott selbst uns an. Gott gibt uns keine theoretische Antwort auf die Frage nach dem Leiden. Er stellt sich an unsere Seite. Er teilt unser Elend. Er hängt sich daneben, wo gelitten wird. Keine Qual der Welt, die er nicht kennt. Keine Träne, die er nicht auch weint. Keine Todesangst, die er nicht mit uns durchmacht. Kein Schmerz, von dem er unberührt bleibt. Im Gekreuzigten wird die Solidarität des Himmels mit den Leidenden anschaulich.

Eine Szene der Kreuzigungsgeschichte berührt mich besonders. Da verfinstert sich der Himmel über dem sterbenden Jesus, und er, der Gott so nah war wie keiner von uns, schreit in diese Dunkelheit: »Mein Gott, mein Gott, warum hast du mich verlassen?« Das ist unser Schrei, wenn wir nicht weiterwissen, wenn die Nacht uns überfällt. Wo uns die Gottesfinsternis von Leiden, Schmerz und Tod schreckt, wo wir uns ganz und gar gottverlassen vorkommen, genau da hängt Jesus und schreit mit uns: »Mein Gott, mein Gott, warum hast du mich verlassen?« Der Schmerz des Gekreuzigten, das Mitleiden Gottes ist für mich ein deutliches Zeichen der Solidarität des Himmels mit uns, die wir am Leiden nicht vorbeikommen.

Angesichts der erbärmlichen Leidensflut dieser Welt brauche ich den Blick auf das Mitleiden Gottes. Ich hätte wirklich Schwierigkeiten, an Gott zu glauben, wenn es den gekreuzigten Jesus nicht geben würde.

Die Antwort des jungen Christen Alexamenos auf die Karikatur des Kreuzes ist uns übrigens auch überliefert. 1870 entdeckte man sie in einem anderen Raum. Auf dem Sockel unter dem Standbild des Kriegsgottes Mars stand, eingeritzt mit einem Nagel: »Alexamenos bleibt treu und gläubig!« *(17. 4. 2003)*

Persönliche Notizen

Persönliche Notizen

Persönliche Notizen

Persönliche Notizen

Persönliche Notizen

Persönliche Notizen

hänssler

Maike Sachs
Oasen zwischen Tür und Angel
44 Andachten für viel beschäftigte Mütter
Tb., 96 S.,
Nr. 394.016, ISBN 3-7751-4016-6

»Endlich aufatmen« – wenn auch nur für kurze Zeit: welche Mutter sehnt sich nicht danach? Dieser Titel von Maike Sachs bietet 44 Andachten mit kurzen und prägnanten Aussagen zu unterschiedlichen Themen. Die Andachten sind bewusst so gehalten, dass sie in einer kurzen Verschnaufpause oder »zwischen Tür und Angel« gewinnbringend gelesen werden können!
Genau richtig für Mütter, die nur vom Einen zum Anderen rennen und wenig zur Ruhe kommen.

Hans-Joachim Heil
Perlen in Gottes Wort
66 kostbare Gedanken
Gb., 10,5 x 16,5 cm, 240 S.,
Nr. 393.713, ISBN: 3-7751- 3713-0

Hans-Joachim Heil zeigt, wie biblische Texte in den verschiedensten Alltagssituationen immer wieder ermutigen, herausfordern und hinterfragen. Gerade bei Themen wie Geduld, Vergebung, Hoffnung, Liebe und Vertrauen.

Bitte fragen Sie in Ihrer Buchhandlung nach diesen Büchern!
Oder schreiben Sie an den Hänssler Verlag, D-71087 Holzgerlingen.

hänssler

Reinhold Ruthe
Rede du – ich höre
365 Mal Zwiesprache mit Gott
Gb., 10,5 x 16,5 cm, 414 S., Nr. 393.778, ISBN: 3-7751-3778-5

Erfrischendes für jeden Tag des Jahres! Reinhold Ruthe greift jeweils einen Bibelvers heraus und erzählt dazu passende Begegnungen und Geschichten.

Gerdi Stoll (Hrsg.)
Schritte mit dir
Gebete für alle Tage
Gb., 13,5 x 20,5 cm, 240 S., Nr. 393.671, ISBN: 3-7751-3671-1

Auf dem Weg mit Gott und im Gespräch mit ihm fehlen manchmal die Worte. In »Schritte mit dir« finden sich Gebete für die verschiedenen Situationen des Alltags. Eine Ermutigung, selbst mit Gott zu reden. Neben ausgewählten Lied- und Psalmtexten kommen Autoren wie • Jakob Abrell • Hannelore Risch • Ruth Heil • u.a. zu Wort.

Beate & Winrich Scheffbuch
In Gottes Spur bleiben
Gb., 13,5 x 20,5 cm, 400 S., Nr. 393.998, ISBN: 3-7751-3998-2

In Gottes Spur bleiben – ein Anliegen, das Scheffbuchs in ihren durchwegs klaren und spannenden Andachten verfolgen. Eine Vielfalt von erlebten Begebenheiten ganz unterschiedlicher Menschen aus verschiedenen Epochen.
Für jeden Tag des Jahres bietet dieses Buch ein Bibelwort, das mit einem Gedanken oder einer kleinen Geschichte anschaulich illustriert wird.

Bitte fragen Sie in Ihrer Buchhandlung nach diesen Büchern!
Oder schreiben Sie an den Hänssler Verlag, D-71087 Holzgerlingen